～お好み焼ラバーのための新教科書～

熱狂のお好み焼

快食.com　シャオヘイ

ザメディアジョン

はじめに

広島におけるソウルフードの代表と言われながら、お好み焼のことを僕たちはどれくらい理解しているだろうか。

・一銭洋食がルーツと言われるが、それはどんな料理？
・「みっちゃん総本店」の井畝満男さんがお好み焼を生み出したと聞くが、一銭洋食との関係は？
・「みっちゃん」や「八昌」の名前をあちこちで見かけるけれどチェーン店？
・なぜ大阪と広島でだけ、お好み焼文化が花開いた？
・日本で最初にお好みソースを作ったのはオタフクソース？

・重ねて焼くお好み焼は広島だけ？
・最もキャベツの量が多い店はどこ？
・朝からお好み焼が食べられる店ってある？
・お好み焼の値段は店によってどのくらい差がある？
・広島焼という言葉に違和感があるのはなぜ？

全て答えられる人はおそらくいないだろう。
でも大丈夫。この本を読めば、全ての質問に答えることができるようになる。

次ページからはお好み焼界、最大の疑問。
お好み焼の元祖は、大阪なのか、広島なのかという問いに答えよう。
歴史を知れば、お好み焼はもっと面白くなるのだ。

装丁・本文デザイン　村田洋子
カバー写真撮影　中野一行
編集　田中朋博
校正　菊澤昇吾

CHAPTER 1

お好み焼のルーツは東京市

お好み焼のルーツは大阪市か？　広島市か？　テレビ番組などで議論になるが、とっくに結論は出ている。お好み焼の発祥は東京市だ。

高見順編の「浅草」に濱本浩が寄せた文章に「北側が、お好焼の「橘屋」で、オペラ役者の媾曳《あいびき》にも使われていた。美少年の田谷力三やW型の沢マセロなどが、若い女性ファンに囲まれて、肉テンなどを焼いているのを、もんなしのペラゴロが擂鉢山から羨望して「ようッ、焦げまッせ」などと、声を掛けたものである」とある。

場所は浅草、時期は大正8年（1919）から大正12年（1923）の間。文中に、お好み焼とはどんな業態か、肉天とはどんな料理か説明はない。大正時代の東京市において、お好み焼店とそこで提供される料理について、説明の必要はないほど知られていたということだ。事実、大正7年（1918）の読売新聞には、31種類のお好み焼を売る屋台が紹介されている。

ここで広島県民は少し混乱するだろう。お好み焼が31種類もあるってどういうことだ？

肉天って何だよ。その31種類の中に肉玉そばは含まれているのか。

順を追って説明しよう。

東京市で生まれたお好み焼は屋台営業で、文字焼屋台の転業によって生まれた。文字焼というのは江戸時代に生まれた業態で、小麦粉を水で溶いて甘味をつけ、鉄板に流しながら絵を描いたり、それを組み合わせて立体的な造形を施す遊戯料理だ。すでに失われた技術だが、似たものとして飴細工がかろうじて現代に伝わっている。水溶き小麦粉であんな感じの形態模写をやっていたのだ。ただしこれは、首都である東京(江戸)限定で、その他の地域には記録が残っていない。

文字焼屋台は子どもたちに大人気となるが、それを見た駄菓子屋が文字焼を出し始めた。すると、子どもたちはいつ来るかわからない屋台を見限って、駄菓子屋に流れてしまった。さらに、鯛焼や人形焼のように、鋳鉄の型を使った形態模写が生まれ、文字焼の職人芸が脅かされつつあった。そこで生き残り策として、当時、流行っていた洋食や中国料理をモチーフに、文字焼と同じ水溶き小麦粉を使ってパロディー料理を作るようになった。

　この業態をお好み焼と呼ぶ。

　パロディー料理は何十種類もあり、そのなかからお好みのものを焼きますよという意味だったのだろう。成立は明治末期から大正初期と考えられる。何がどうパロディーなのかというと、肉天は肉の天ぷらのパロディーだ。焼き方はいろいろあって、生地に牛肉ミンチを混ぜて焼くのもあったし、生地を引いてその上に牛肉ミンチを散らして、上から再び生地をかけてひっくり返して焼くこともあった。

　味付けはウスターソース。天種《てんだね》を小麦粉で包むようにして、油で焼いたので、揚げてないけれど天ぷらっぽいということのようだ。イカてんの場合は、細く刻んだスルメを入れた。エビてんは干しエビだった。冷蔵庫のない時代だし、そもそも屋台だから、常温保存できるものが材料になる。牛肉だけは干し肉ではなく、小間切れまたは茹でたものが使われていたようだ。お好み焼の誕生から20年ほど経った、昭和6年（1931）には、馬肉が使われていた記録もある。当時は豚肉よりも馬肉のほうが身近だったためだ。

お好み焼の屋台では、天ぷらのパロディー以外にはどんな料理があったのか。

シュウマイは、細切りの餅で正方形の枠を作り、水溶き小麦粉を流し入れ、挽肉とタマネギをのせる。その上から再び水溶き小麦粉で蓋をして、ひっくり返して焼いたもの。これを酢醤油で食べると、シュウマイっぽい味がするらしい。カツレツは水溶き小麦粉を鉄板に引いて、その上に生肉をのせ、その上から再び水溶き小麦粉をかけ、上からパン粉を散らしてひっくり返して焼いたもの。

駄菓子のＢＩＧカツに近い料理だ。その他、ビフテキ、オムレツ、寄せ鍋、お弁当、お寿司など、どのようなものだったのか、今となってはよくわからないものもあった。マニュアル化されている訳ではないので、屋台によって作り方が違う上、ドイツ焼、新橋焼、サンドイッチ、コーヒー、パイナップルなど、想像すらできない料理もあった。サンドイッチやコーヒーの何がわからないのか？　と思われるかもしれないが、30㎝四方の熱した鉄板を使い、水溶き小麦粉を主材料にそれらを作るのだ。形態模写やパロディーなので、出来上がると「あー、なるほど！　だからコーヒーか！」という大喜利のような料理だったのだろう。一銭二銭の軽食なので、そのサプライズだけで価値がある。現代でいえば、うまい棒のテリヤキバーガー味を食べて、なるほど!、言われてみれば……というのが近いだろう。

ソース焼そばも大正末期から昭和一桁のころ、お好み焼屋台で生まれた。焼そば(炒麺《チャーメン》)は元々中国料理だが、そのパロディーとしてウスターソースで味付けした焼そばを提供したのだ。具は天カスとキャベツのみ。戦前、中華麺を使った料理としてはラーメンよりもソース焼そばのほうが一般的で、専門店も多くあった。ただし、これも東京市に限った話である。

江戸時代、江戸(東京市)で多い飲食店は圧倒的に蕎麦店。明治も大正も東京は蕎麦店が乱立しており、これらの店には製麺機があったので、大正時代に入ってから中華麺も作り始めた。そのため、数多くの蕎麦店と製麺機というインフラがある東京市でしか、中華麺は流通していなかった。地方で中華麺が食べられるようになるのは主に戦後である。食糧難の日本がアメリカの余剰小麦を購入し、国民に配布したためだ。メリケン粉と呼ばれたこの小麦は強力粉だったので、それまでに使われていた薄力粉や中力粉(うどん粉)とは異なり、パンや中華麺に向いていた。戦後、全国各地でご当地ラーメンが生まれ、広島市でタカキベーカリー(アンデルセン)が生まれたのはそういう時代背景からだ。

東京市で人気を博したお好み焼屋台のうち、最も人気があったのは肉天。つまり、肉の天ぷらをモチーフにしたパロディー、形態模写だった。現在でも、神戸市で年配者がお好み焼のことを肉天と呼ぶのは、その名残だ。

しかしなぜ、肉天という料理名がほとんど残っていないのか。

天ぷらという料理の内容が、東京市とその他の地域で異なっていたためだ。現在の我々が想像する、天種に衣をつけて揚げる天ぷらは江戸料理の天ぷらで、西日本の天ぷらではない。当時、西日本では、魚のすり身を揚げたものを天ぷらと呼んだ。大正2年(1913)創業の老舗蒲鉾店、尾道市「桂馬蒲鉾商店」では、今でもそれらを天ぷらと呼ぶ。「桂馬蒲鉾商店」名物の一つ柿天も、魚のすり身を吊るし干し柿の形にして揚げたものだ。他にも広島県のがんす、島根県の赤天、愛媛県のじゃこ天、鹿児島県のさつま揚げなど、各地にかつての天ぷらが残っている。

それらの地域で、肉の天ぷらをモチーフにしたパロディー料理を肉天と呼んでもオリジナルを知らないのだから意味が通じない。そこで生み出された言葉が洋食焼(広島県内では一銭洋食)だ。

肉天が真っ先に伝わったのは大阪市。明治期に鉄道の敷設が進み、明治22年(1889)には東京市と大阪市が結ばれたため、首都東京から、第二の都市大阪へ伝播した。

そこから先も鉄道沿いに洋食焼(肉天)が伝わっていく。神戸市、尾道市、三原市、広島市などがそうだ。

当時は東京を起点とする鉄道の西端が広島であり、日清戦争の物資は宇品港から送られていた。大本営が置かれ、一時的に首都だったこともあり、東京市の食文化であるお好み焼も流入した可能性がある。

このころの焼き方は、全て重ね焼き。

肉天だけは混ぜる焼き方もあったと池波正太郎は述べているが、イカてんやエビてんなど、基本は重ね焼きだったので、大阪市に伝わった洋食焼は全て重ね焼きだったようだ。

ちょっと待て、大阪市のお好み焼は混ぜ焼きだよ、と思われるかもしれない。しかし、当時の洋食焼は間違いなく重ね焼きだった。それがなぜ混ぜ焼きになったのかは追って説明する。

お好み焼タウンである広島市や神戸市以外にも、徳島市では甘く煮た金時豆を入れて焼く、豆天玉という形で伝わっている。香川県では県庁のウェブサイトに子どもが食べる郷土料理として、煮干しを使ったにくてん焼きが紹介されている。元々は肉を入れていて、戦後の食糧難で煮干しに変わったけれど、名称は変わっていないということのようだ。既に「にくてん」の語源がわからなくなっているからだろう「焼き」が蛇足になっている。直系10㎝くらいに焼くとあるので、オリジナルの肉天サイズそのままである。

なお、これら戦前のお好み焼史について、自分で訥《とつ》々《とつ》と調べていたが、2019年1月に圧倒的な書籍が発売された。近代食文化研究会著「お好み焼きの物語」(新紀元社刊)で、ここまでの内容はほぼその抄録といっていい。お好み焼を研究するなら必須の力作かつ名著で、古今東西のあらゆる文献に目を通し、戦前の最も資料が少ない時代のお好み焼を詳《つまび》らかにしている。ぜひ本書と合わせて読んでもらいたい。

東京市から大阪市へ鉄道経由で伝わった屋台料理の肉天が、一銭洋食という名前で広島まで伝わった。しかし、大阪市には昭和初期、再び東京市から新しいお好み焼が伝わる。それが混ぜ焼きだ。東京市のお好み焼屋台は、大正末期に変化しつつあった。屋台ではなく店舗を構えるようになったのだ。

池田弥三郎著「私の食物誌」(新潮社刊)には「なんでも、銀座裏のお好み焼き屋が、密会所みたいになって、風俗上の取り締まりであげられたということがあったのが、昭和6、7年(1931~1932)ごろのことで、当時大学の予科生だったわたしは、そろそろそういうところへ出入りし始める時分だったが、そんなことから、それっきり、行きそびれてしまった。」とある。

風俗上の問題があるとされたのは、屋台ではなく店舗を構えたお好み焼店のようだが、なぜお好み焼店が密会所になるのか、前後を読んでもよくわからない。

それから4年後、昭和10年（1935）の「商業界15号」（誠文堂新光社刊）には「二百五十圓で出来るお座敷お樂しみ焼」として東京都板橋区富士見町「ふじや」の事例が掲載されている。

冒頭で「或時お好み焼の屋台が子供の人気の中心となつて居るのを見まして、ふとこれを座敷に移して見たらと考へました。友人等に聞いて見ますと、やはり昔そう云ふ商売があつて大變流行つたとの事なので、早速始める事にしました。」とある。

池田弥三郎が書いたように、昭和初期には店舗型のお好み焼店が流行っていたのだ。そして、店舗を構えると客に焼かせるようになる。「ふじや」の店主は「他の店では店で焼いてお客様に焼かせませんが、これでは折角お座敷へ移した意味を為さず、私共が繁盛して居る理由は、お客様に焼かせると云ふ…狙いが當つたのだらうと思ひます」と答えている。

客層が変わったのも店舗を構えてからで「屋台では子供、それも余り上品でない子供の御ひゐきにあづかるお好み焼は、座敷に移すと昼は芸者衆、夜は御家族連れが多い様です」とある。

また「芸者衆等はかつぽう着を着て旦那と家庭気分を出して居る風景等良くあります」と使われ方の変化が伺える。

さらに4年後、昭和14年（1939）の「小資本開業案内」（誠文堂新光社刊　商店界編輯部編）には「お客は大抵が青年男女で然も粋筋が多いから、場所は叙上の如く殆んど花柳界又は散歩地帯と限られてゐる。お好焼を又の名おたのしみ焼等と稱して看板を掲げて居る家もあるのはこの故である。東京舊市内の各花街へ之から開業せんとするには、殆んど餘すところがなく、行き渡つてゐるので、先づ新市街のそれへ目指すのがよからう。」とある。

花柳界（繁華街）にはお好み焼店が「ほとんど余すところがなく行き渡っている」というのだから驚きだ。お好み焼店が子どもの駄菓子から、繁華街で男女が食べる、デート料理に変化したのだ。

昭和12年（1937）6月12日の読売新聞夕刊には「お好み焼でまた桃色遊戯。チンピラ七人組またお好み焼、根城の女學生、中學生の桃色遊戯が発覚して吾嬬署に七人面倒をかけたグループを自ら『川向のチンピラ桃色クラブ』と呼び」とある。

「また桃色遊戯」「またお好み焼」とあるように、その3カ月前にも同様の事件があった。現代の感覚でこの文章を読むと、お好み焼店で乱交パーティーでもしていたのか？　と思ってしまうが、実態は今でいうところの「相席屋」のようなものだった。男尊女卑が強い時代なので、おそらく女性がかいがいしくお好み焼を作り、男性と一緒に食べるという、大人のままごとをしていたのだ。それだけで新聞沙汰に？　と驚くしかないのだが、現代の感覚でジャッジしてはいけない。男女七歳にして席を同じうせずが教えとして生きていた時代なのだ。

そして、再び大阪市にこのお好み焼文化が持ち込まれる。

第一波の肉天は、洋食焼という名前で庶民に定着していた。昭和初期の第二波では、お好み焼という名前で繁華街のデート料理として持ち込まれたのだ。

大阪市において記録に残る最も古い店は、昭和12年（1937）創業の「以登家《いとや》」だ。那須正幹著「広島お好み焼物語―ふしぎな食べものが生まれたのはなぜ？」（PHP研究所刊）によると「大阪の曾根崎新地近くに『以登家』という店が開店します。ここは畳敷きではなく、テーブル席で、鉄板の回りに腰かけたお客が自分で焼くというスタイルはかわりませんし、肉入りの洋食焼きが十銭だった時代に、この店のお好み焼は、一枚一円五十銭（※十銭の15倍）だったといいますから、明らかに大人相手の店、しかもかなり高級だった事がわかります。」とある。値段が高いのは曾根崎新地という繁華街にあったことと、子どもの駄菓子ではなく、東京市と同じ、大人相手のデート料理として導入されたからだ。

「以登家」はその後、中津に移転して平成20年（2008）までは営業していたようだが、現在は閉店している。残っていれば浅草の「浅草染太郎」と並ぶ老舗だった。

焼き方はインターネットで確認する限り混ぜ焼きで、基本、玉子は使わないという記述があった。しかし、デート料理のお好み焼は、なぜ混ぜ焼きなのか。

大谷晃一著「続大阪学」（新潮社刊）には、昭和8年（1933）、玉造駅の近くで食べた洋食焼について解説した後、昭和14年（1939）に初めてお好み焼を食べた話が書いてある。

洋食焼は「いつ汲んできたのか知れないバケツの水で、小麦粉を溶いている。味はつけていない。それを鉄板に丸く薄く流す。干した桜エビ、ねぎ、かつお節、青のりをばらまく。その上に、溶いた小麦粉を少しかける。大きなコテで一気に何度もひっくり返す」とあり、味付けはソースとのこと。後述するが、同時期の広島市で食べられていた一銭洋食とほぼ同じ料理だ。

そしてお好み焼は日抜き町のお座敷に現れたとある。現在の大阪市中央区心斎橋辺りになる。「名が変わって、お好み焼きという。卵を入れて溶いてある。エビ、イカ、牛肉、それに山芋やキャベツなどと具が増えて上物になっている。溶いた小麦粉と具をみんな一つのアルマイト・カップに初めから混ぜて出てくる。具を自分で置く作業がない。」と書き、続いて「みな、つい立てや仕切りをした。大阪の食べ物屋はあまりしないのだが、これだけは別であった。小間に暖簾をかけ、個室もできた。男女がしんねこを決めこむ。これは飲食店ではなくて風俗営業だと、警察がうるさく取り締まりをすることになった。」とある。

昭和初期に伝わったお好み焼の特徴が詳細に書かれている。

洋食焼と違い、混ぜ焼きだったこと。仕切りや個室があるデート料理だったこと。東京市と同様に、大阪市でも警察が取り締まることがあったようだ。

重ね焼きが混ぜ焼きになったのは、デート料理であれば必然だ。

デートで訪れている男女が座る30㎝四方の鉄板の前に、店主が立って調理するなんて、どう考えても奇妙。店の切り回し的にも店主が焼くより客に焼かせたほうが効率的だ。小さな鉄板を用意し、衝立《ついたて》を立てたり、座敷にしたりして周囲から見えにくくし、お好み焼の材料を提供したら、あとはご自由にと引き下がる。

その際、鉄板の周囲にお好み焼の材料をずらりと並べ、テクニカルに重ね焼きするのはどう考えても都合が悪い。客に重ね焼きをやらせるならば、何をどのような順番で重ねるのかマニュアルが必要になる。

そもそもデートで着飾っているのに、細々とした作業をさせて服が汚れたら台無しだ。くるりと混ぜて鉄板に流し、ひっくり返せば完成する混ぜ焼きのほうが、店と客の両者にとって好都合だったのだ。デートは一緒に楽しく食べることが最大の目的。そう考えると、混ぜて焼くのは当然だろう。


熊谷真菜著「『粉もん』庶民の食文化」（朝日新聞社刊）でも「関西で『お好み焼きでもいこか』というのは、ちょっと気のある誘い文句だった。」とある。現在の品書きを読み解いても、大阪市のお好み焼がデート料理であることがわかる。

広島市でお好み焼を食べる際、お腹が減っている客は麺ダブルなど、具材を増量する。お好み焼はカツ丼やラーメンと同じ、日常の食事だから、お腹の具合に合せて注文するのは当然だろう。しかし、大阪市のお好み焼店で、増量できる店はほぼ皆無だ。豚玉を食べて足りない人は、続いて焼そばを食べる。二人で3品をシェアしたりする。1品を増量するのではなく、品数で調整するのだ。大盛にするような無粋な食べ方をしない。

デートは時間を楽しむものなので、大盛を頼んで食べてお終いではなく、もう一つ頼んで、引き続き二人の時間を楽しむ。店としても売上が立つので好都合。そのため大盛をやらない文化になった。

ただ、そういう流儀だと食事として高くなるので、デート料理としてあまり使われなくなった後年にお好み焼定食が生み出されたのだろう。そして、東京市から伝わって10～15年くらいで、お好み焼が大阪市を席巻する。昭和27年（1952）の『商店界』の記事「ハンランするお好み焼屋」では「大阪の小料理屋は漸次このお好み焼屋に豹変してゆく傾向がみられるし、喫茶店もおしるこ屋もこのお好み焼屋に転向、もしくは兼業となりつつある。一口に言えば、小規模飲食店は『お好み焼屋にしなくて何のおのれが商売かー』という態である」とある。

この時期、地方都市の広島市は大阪市のように店舗ではなく、屋台が主だったが、他業種から次々とお好み焼に転業していたので、状況としては同じだったようだ。

戦後の大阪市は人口が増え続けており、街に経済力があったので、旦那衆がお好み焼店に出資して多店舗化するようになった。

その先駆けが「ぼてぢゅう®」だ。

創業者である西野栄吉氏が昭和21年（1946）に自宅の軒先で始めたのが最初で、昭和28年（1953）に宮原勝一氏の出資を受けて「玉出ぼてぢゅう」として移転。その後、創業者の西野栄吉氏は宮原勝一氏と袂を分かち「ぼてぢゅう総本家」を開業するが、平成21年（2009）に廃業している。

宮原勝一氏の「玉出ぼてぢゅう」は「大阪ぼてぢゅう」と店名を変え、現在も多店舗展開している。最も有名な「ぼてぢゅう® グループ」は昭和37年（1962）、製薬会社を経営していた北村貞次氏が創業者西野栄吉氏の「ぼてぢゅう総本家」の暖簾分けとして出資して創業した。

豊富な資本力を持つ「ぼてぢゅう® グループ」が昭和40年（1965）東京都渋谷区に進出し、そこから多くの人が集まる商業施設へ出店を拡大する。

当時は街中の商業施設が圧倒的な集客力を持っていた時代。

そこで食べるお好み焼が混ぜ焼きなので、ルーツとしての歴史がある重ね焼きは徐々にマイナーになっていく。さらに「ぼてぢゅう®」のお好み焼ドリームが成功したことにより、後発の「千房《ちぼう》」なども資本を得てビジネスを拡大させることができた。

商業施設で多くの人に知られた上、混ぜて焼くだけなので家庭でも作ることができたのは大きい。家庭の台所を混ぜ焼きが押さえたことにより、お好み焼といえば混ぜ焼きが常識になっていく。

だが、今でも重ね焼きを提供している店が大阪市にもある。

昭和20年(1945)創業、現存する大阪市最古の老舗「美津の」で、公式サイトには「昭和のはじめ、ソースを食べたいが為に生まれた洋食焼　今や何処でも食べられるわけでない、希少的存在となりました」とある。実際の生まれは、昭和のはじめではなく、明治か大正と考えられるが東京市からデート料理として混ぜ焼きが伝わる前、大阪市でも重ね焼きが食べられていたエビデンスが残っているのだ。

「美津の」の洋食焼は、生地、ザク切りキャベツ、大きく切った青ネギ、角切りコンニャク、紅ショウガ、天カス、炒めたミンチ、つなぎの生地、鰹節の順に積んでひっくり

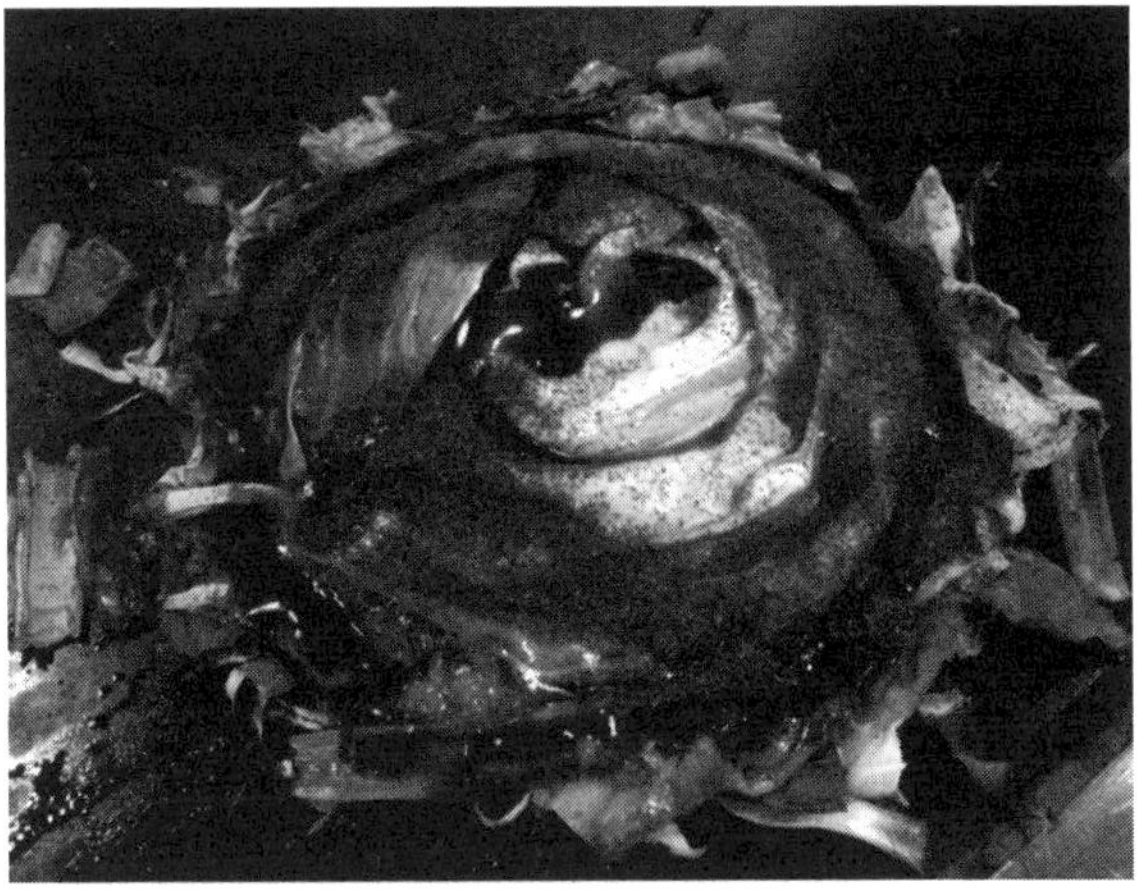

返す。玉子を半熟で貼り付け、2種類のソース、マヨネーズで仕上げる。間違いなく重ね焼きだ。

「美津の」もそうだが、現在の大阪市では、客が焼くのではなく店のスタッフが焼いてくれる。ちょっと待て、デート料理の混ぜ焼きは客に焼かせるのに都合がよかったと先に述べておいて、ロジックが破綻しているじゃないかと思われるかもしれない。これには経緯がある。

『粉もん』庶民の食文化』には「もともと客に焼かせる、〈自分焼き〉が多い大阪では、重ね焼きではなく、混ぜ焼きが主流。素人でも焼くとき失敗しないからだ。ところが戦後しばらくすると、「材料代だけにしては値段高いなあ、これやったら焼いてもらわな、アホらしいわ……」と、店の人に焼いてもらう〈店焼き〉がふえていった。」とある。

値段が高いのはデート料理がルーツだからだが、繁華街ではなく、明るい商業施設への出店が増え、デート料理の意味付けが薄くなると、客としては値段の高さが気になり始めたのだろう。単価を下げたくない店側は客の不満を解消するため、スタッフがプロの技術で焼くという付加価値を加えたのだ。

それは昔から店主やスタッフが焼く、広島お好み焼を参考にしたのではないか？　と僕は想像している。もちろん、現在でも客に焼かせる店は残っている。

広島市を中心に展開している混ぜ焼きの「徳川」は昭和39年（1964）創業で、現在も客が焼く。当時は大阪市でも客に焼かせていたため、そのスタイルを広島に持ち込んでいるのだ。

大阪市が重ね焼きから混ぜ焼きに移行した経緯はわかった。

では戦後、東京都のお好み焼はどうなったのか。東京都は現在、世界屈指の美食都市になったが、お好み焼が話題になることはほぼ皆無だ。衰退の理由について、野瀬泰申著『食は『県民性』では語れない』（KADOKAWA刊）の中で「原因は空襲だ。空襲によって、戦前の東京のお好み焼きの形跡は全て消え、食糧難からやや脱して戦後の東京にお好み焼きが復活したときには、先行して流行っていた大阪風の混ぜ焼きになったのだ。提供が容易なのが最大の理由だったと思われる。」と述べている。

空襲で焼けたからということだが、大阪市も大空襲を受けているし、広島市に至っては原爆という大被害を受けている。同じように空襲を受け、東京のお好み焼だけ衰退したというのは、合理的な説明になっていない。

東京都、大阪市、広島市の古い職業別電話帳（昭和42～43年）を調べると「お好み焼」という分類があったのは、東京都23区の電話帳のみだった。23区外には分類がなかったので、旧東京市の食文化だったことがわかる。掲載件数は約470店とかなり多い。大阪市は「食堂・飲食店」、広島市は「喫茶・グリル・レストラン・食堂」の中に混ざってお好み焼店が掲載されていた。

大阪お好み焼が東京に進出したのは昭和40年（1965）の「ぼてぢゅう®グループ」が最初なので、それまでは正統な東京お好み焼の店がたくさんあった。戦後に衰退した東京と、戦後に隆盛した大阪市と広島市の違いは何だったのか。

僕の推測だが、昭和40年代から高度成長期に入り、あらゆる業態の飲食店が増加したため、お好み焼店の地位が相対的に下がったことが一つ。そしてもう一つは、日本各地からの人口流入だ。お好み焼は西日本の比較的大きな街の食文化なので、東日本から働きに来た人には馴染みが薄い。東日本は戦後に東京から伝わった焼そばが、お好み焼と似た地位を占めている。西日本の人たちはお好み焼の名前に馴染みがあるものの、自分が子どものころに食べていたお好み焼と異なるため、文化的にはルーツである東京のお好み焼に違和感を持った。

そんな中で「ぼてぢゅう®」のような大阪お好み焼が駅前や繁華街に進出し、そちらが一般的になったと考えられる。ただし、インターネットタウンページで調べると、現在も東京都内には760店以上のお好み焼店が掲載されている。

大阪や広島のお好み焼店が相当数含まれているだろうが、原初のお好み焼を提供している店もあるのではないか。

追って調べてみたいと考えている。

職業別電話帳で、東京都以外の地域にお好み焼店の掲載が少ないのは、地方では登録しなかったことも理由の一つと考えられる。店が増えすぎたことで商圏が極端に狭くなり、掲載する意味がなかったのだ。実際、2000年頃、広島市内のお好み焼店をNTTエンジェルライン（インターネットタウンページの前身）で調べたときも、近所のお好み焼店が全然掲載されていなかった。

選択肢が多すぎるとそのなかから一つを選ぶことができないジャムの法則と同じで、全県で2000店近くあった店が登録してもビジネス的な意味はない。東京23区では一定の集客が見込めたため、掲載したと考えられる。

ちなみに広島県のお好み焼店は、2019年4月現在インターネットタウンページで

1379店。

実際は1500から1600店あるはずだが、現在も登録しない店があるようだ。大阪府が1315店、第3のお好み焼タウン神戸市を有する兵庫県が1058店である。人口を店舗数で割ると1つの店を何人の県民で支えているのかが算出される。広島県2062人/店、大阪府6722人/店、兵庫県5231人/店だ。

広島県には2000人ごとにお好み焼店が1店ある。

圧倒的なお好み焼県である、広島の歴史を見ていこう。

CHAPTER 2

井畝満夫さんと一銭洋食のつながり

駄菓子屋や鯛焼屋に追われた文字焼屋が窮余の策で生み出した数々のパロディー料理。それらを提供する屋台をお好み焼屋と呼んだ。

なかでも最大のヒット商品である天ぷらのパロディー料理、肉天が大阪経由で広島に伝わった。大阪では洋食焼と呼ばれ、広島では一銭洋食と呼ばれた。伝播は明治から大正のどこか。それはどのようなものだったのか。

「日本の食生活全集広島」編集委員会著「聞き書 広島の食事」（社団法人農山漁村文化協会刊）のなかで、お好み村の初代村長、「ちいちゃん」店主の古田正三郎さんが答えている。

大正10年（1921）頃は「一銭洋食は、リヤカーか四角い乳母車のような車に道具一式を積んで押してくる屋台で売られている。お宮の横やお寺の前、駄菓子屋さんの軒下などに車を止めて、七輪に火をおこし、上に一尺五寸（約45㎝）四方の鉄板の置いて、この上で焼く」焼き方は「1、メリケン粉の水溶きをお玉ですくって、鉄板の上にたらたらと流し、径四寸～四寸五分（約12～14㎝）の円形に広げる。2、きざんだ青ねぎを地がかくれるほど一面に散らす。3、ねぎの上にも水溶きメリケン粉を少し流して、ねぎが飛び散らないようにしておいて、ひっくり返して焼く。4、もう一度表に返して二つ折りにし、皮に醤油を塗る。鉄板で焼けているところへ醤油を塗るから、醤油の香ばしい香りがあたりに漂う。このあつあつを新聞紙に包んでもらう」とある。

この内容だと肉天ではなく、ネギ天だ。地方の広島市では、香川県の煮干しを使った「にくてん焼き」と同じように安価な具材が使われたようだ。

昭和10年（1935）になると、屋台だけでなく店舗も生まれたが、値段はまだ一銭で「かつおの粉や薄く切ったかまぼこ一、二枚、薄切りのれんこん、ねぎ、とろろこんぶなどを二、三種組み合わせて入れ、最後にウスターソースを刷毛で塗るようになっている」とある。

昭和23年（1948）頃、場所は東広島市安芸津町になるが、広島市東区若草町「ちかちゃん」の店主曰く、生地、魚粉、青ネギ、かまぼこ2枚で青のりをパラリと振り、ウスターソースを塗って、二つ折りにして新聞紙に包んで渡してくれた。値段は一銭より高かったと思うが、よう覚えとらんとのこと。

昭和32年（1957）創業の広島市西区己斐本町「さざんか」の店主に、創業当時の一銭洋食を焼いてもらった時もほぼ同じで、生地、魚粉、青ネギ、とろろ昆布、豚バラ肉でつなぎの生地を振りかけてひっくり返し、焼き上がったら二つ折りにしてお好みソースを塗って出してくれた。時代が進むにつれて味付けが醤油、ウスターソース、お好みソースに変遷し、具が増えたことがわかる。サイズはどれも12〜14㎝くらいで、東京時代の肉天からほとんど変わっていない。

この一銭洋食がいつ、どのような形で我々が知るお好み焼になったのか。
広島市のお好み焼は重ね焼きだが、観察すれば2種類の焼き方があることに気付く。生地、野菜、肉の順に積んでひっくり返し、別に焼いた麺を合体させ、最後は麺に玉子を貼り付けるやり方。これが現在の主流なので、広島スタンダードスタイルと呼ぶ。

もう一つは、生地、麺、野菜、肉の順に積んでひっくり返し、最後は焼けた肉の部分に玉子を貼り付けるやり方。麺を薄い生地の上に置いて、キャベツ、肉と最初から全部積み上げる焼き方だ。これは古い店で採用されていることが多いので、広島オールドスタイルと呼ぶ。

僕が主宰する快食.comというウェブサイトでこの分類を書いたのが平成12年(2000)。現在、それぞれの焼き方を表す言葉として、お好み焼ラバーには定着しているようだ。

当初、この二つの焼き方は時期による違いと考えた。

料理としてクオリティーが高いのは広島スタンダードスタイルだが、合体させるまでは本体と麺がそれぞれ鉄板を専有する。一枚焼くのに二枚分の面積が必要なのだ。広島オールドスタイルは、最初から最後まで一枚分の面積で焼き上がるので、昔の小さな鉄板だとこう焼くしかなかったと仮説を立てた。

後年、鉄板が大きくなり、より旨い焼き方として、広島スタンダードスタイルが生み出された。そうすると現在、主流になっている広島スタンダードスタイルはいつ、誰が創業したのか。

そこで、広島お好み焼の創案者とも言われる、井畝満夫さんに話を聞いた。井畝さんは、「みっちゃん総本店」の会長であり、最も古い時代を語れるほとんど最後の一人だ。4時間近くのロングインタビューにお付き合いくださり、もうすぐ84歳（当時）だから記憶が飛んどる！　と言いながら丁寧に答えてくださった。

僕が、「井畝さんも最初は広島オールドスタイルだったんですか？」と訊くと、「ご飯だって少し焦げたのが旨いでしょう。麺だって焼いて焦がしたのが旨いんです。だから別々に焼いたほうがいい。（広島オールドスタイルは）頑としてウソだと言い続けてきた」と強い口調で否定された。

最初から広島スタンダードスタイルなんですか？　と確認すると、

「何も変わっとらんです！　そりゃ多少は量やら何やら変わったり、変わらなかったり……」とはっきりしない。

エピソードを聞くと、

「屋台なのでご飯は炊けないから、私はいつもお好み焼と焼そばを食べてたんですよ。皿が汚れると洗うための水を汲みに行かなきゃならんでしょう。それが嫌だから鉄板から直接食べていました。そこへ客が来たんです。食べている途中の焼そばをそのままにしておくと鉄板に焦げ付くから、お好み焼の上に置いたんです。客が帰った後、お好み焼と焼そばを一緒に食べたらおいしかった。焼そばとお好み焼を別々に出すよりも安く出せて、同じだけお腹一杯になるし、こりゃぁええと思ったんです」とのこと。

「そういう状況で生まれたのだから、生地の上に麺を置くはずがないんです。そういう焼き方があるのは知ってますけれど……」と言われた。

時期は昭和30年（1955）頃とのこと。

つまり、麺なしのお好み焼に焼そばをのせたものが井畝満夫さん創案のお好み焼ということになる。

しかし、この話をそのまま再現しても、現在の「みっちゃん総本店」のお好み焼にはならない。焼そばは焼そばとして、お好み焼はお好み焼として、それぞれ完成していなければならないからだ。

具体的にはどのようなお好み焼になるのか。

実はその焼き方で、現在も提供している店がある。

井畝さんが焼そばをのせることをひらめいたのと同じ年、昭和30年（1955）に創業した、広島市中区江波「かじもと」だ。創業当時から同じ場所で、現在は二代目が店を守っておられる。


その焼き方は、生地、魚粉、昆布粉、キャベツ、モヤシ、天カス、かまぼこ、バラ肉、青ネギ、つなぎの生地の順で積み重ね、ひっくり返す。麺は鉄板に置き、油と水を加えてしっかりほぐすが、そのまま放置。続いて鉄板に玉子を割り落とし、本体を重ねて元に戻し、ソースを塗り、青ネギを散らし、まず野菜肉玉を作る。

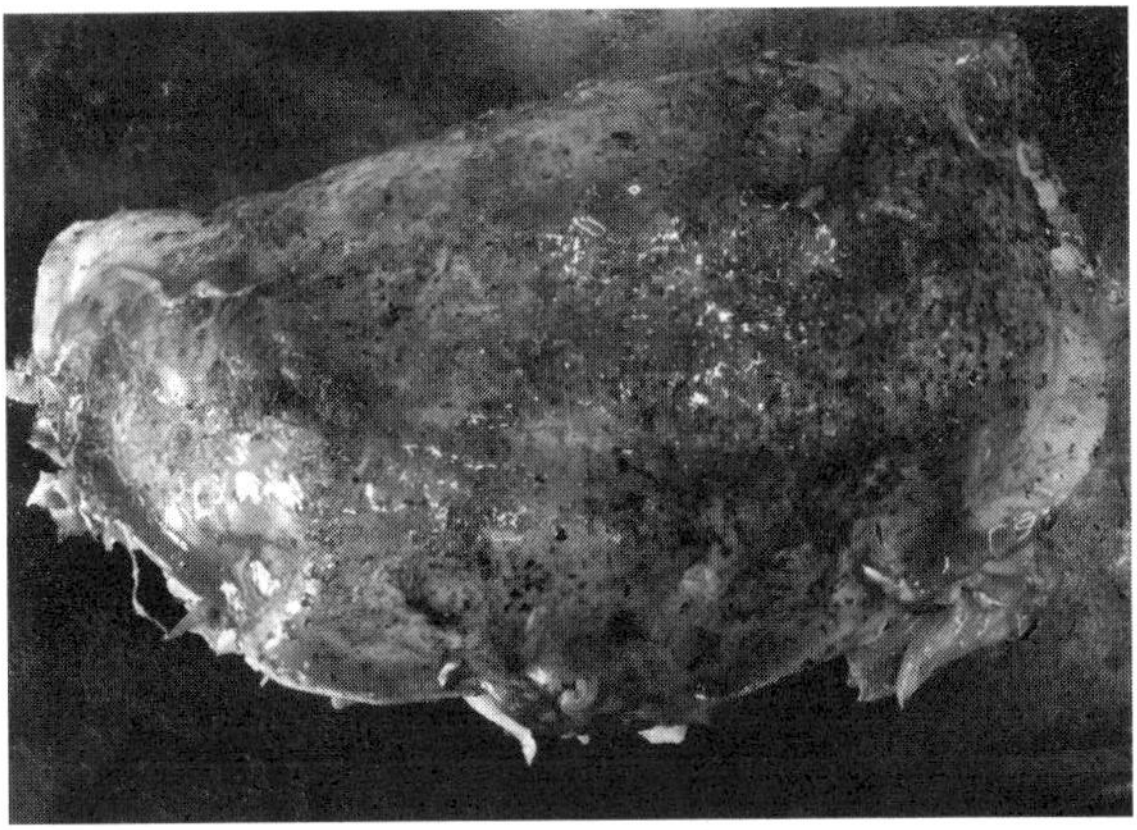

あれ、お好み焼が完成してしまったよ？　鉄板の上には麺があるのに、入れるのを忘れたのかな？　と思っていると、完成した野菜肉玉の上に麺を置くではないか。
えっ？　と驚いていると、麺の上にソースを塗り、二つ折りにした。野菜肉玉で餃子のように中華麺を包むのだ。半月形になったお好み焼の上部の生地にもソースを塗り、青のりを振って出来上がり。なんとユニークな！　と驚いたが、しばらくして理解した。
井畝満夫さんの話をそのまま再現すれば、ほぼこうなるじゃないかと。
「かじもと」のお好み焼は、当時の手順をそのまま現代に伝えていたのだ。

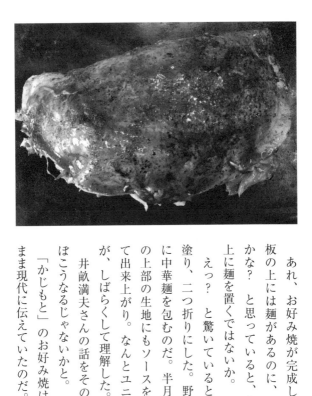

もう一例ある、昭和47年（1972）創業の呉市中通「ぼてじゅ」で、昭和33年（1958）の呉市のお好み焼を再現したものを提供している。

厚めの生地、魚粉、キャベツ、青ネギ、天カス、短めに切った豚バラ肉を放射状に置き、真ん中に玉子を割り落とし、つなぎの生地を少しかけてひっくり返す。焼き上がったら、豚バラ肉や玉子の側にウスターソースを塗り、二つ折りにして仕上げにはお好みソースを塗った。

麺が入らないので理由を訊くと、

「当時も麺を入れることはできたよ。でもそれは特別だから。麺を入れないのが普通だったからね」とのこと。また、麺を入れるときにはどのようにして入れたのかを訊くと「麺はウスターソースで炒めて、二つ折りするとき、中に入れるんだよ。麺をお好み焼で包むみたいにね」と教えてくれた。

「かじもと」と同じだ。

店のご主人と奥様かな？　お二人に確認したけれど「自分たちはそのころ、幼稚園くら

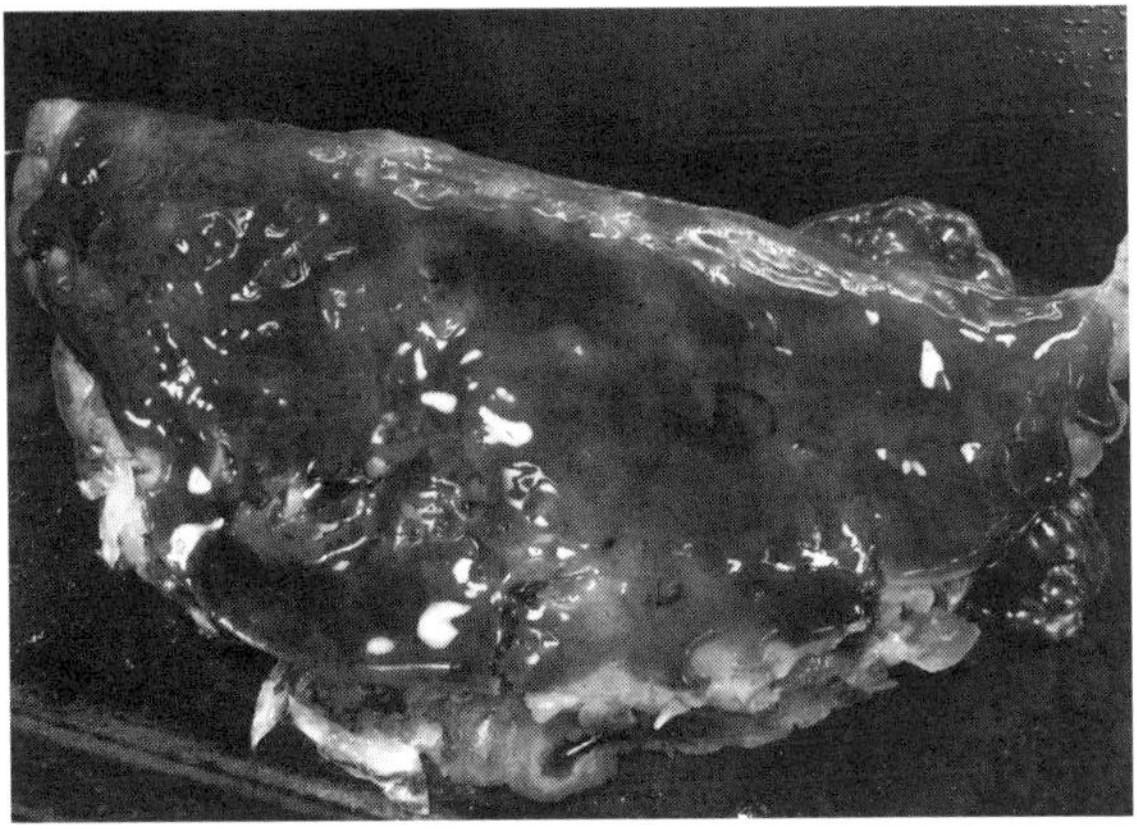

いだが、呉市にもお好み焼の小さな店がたくさんあった。麺は最後にのせて包むのが普通だった」と明言された。

井畝満夫さんがお好み焼に麺をのせた、同じころに広島市中区江波では既に同じものが焼かれていた。その3年後には呉市でも似たものが焼かれていた。ここから合理的に考えると、中華麺をお好み焼に最初に入れたのは井畝満夫さんではないということになる。

「かじもと」の二代目店主に訊くと「焼き方は変えていない。昭和30年（1955）頃はこの辺りにもお好み焼店がたくさんあったし、母（初代店主）は焼き方なんて習っていないはず」と言われた。

テレビが普及していない時代に、呉市内の各店が井畝満夫さんの影響を受けているはずがない。


では、井畝満夫さんが広島お好み焼の創案者という話は誤りなのか。

「かじもと」も「ぼてじゅ」も、麺を最後に合体させるという点では同じだが、現在の広島スタンダードスタイルとはかなり違う。最も違うのは玉子の扱いで、最後に貼り付けるのではなく、中に入れてしまっている。


この少し変わった焼き方がどうやって現在の広島スタンダードスタイルになったのか。

僕はそれこそが井畝満夫さんの仕事だと考えている。

巻末（P362）の資料を見てもらえばわかるように、広島スタンダードスタイルの老舗は新天地公園付近で創業した店ばかりである。

このことから広島スタンダードスタイルの発祥もこの辺りと考えるのが自然であり、その中で最も古い店が井畝一族の「みっちゃん」なのだ。

時代をさかのぼってみよう。

「みっちゃん」の前身は井畝満夫さんの父、井畝井三男さんが始めた「美笠屋」だ。満州（現中国東北部）で同名の菓子店を営んでいたらしい。

「広島仁義あり、麺々」（ひろしまタウン情報刊、現在はアドプレックス）によると「井三男さんが大阪で『お好み焼の原型のようなもの』を学んでくる」とある。

「美笠屋」の創業は昭和25年（１９５０）なので、大阪市のお好み焼は既に混ぜ焼きが主流になっている。そもそも大阪市では、重ね焼きを洋食焼、混ぜ焼きをお好み焼と呼び分けていた。

井畝井三男さんは大阪市で混ぜ焼きを学んだのか？　そうではない、井畝井三男さんは、一銭洋食を混ぜて焼いたような料理をお好み焼と呼んでいることと、その料理が繁華街で大人気であることを学んだのだ。

広島市の一銭洋食は、大阪市の洋食焼と同様、神社仏閣の境内や駄菓子屋の軒先で昼に子どもが食べる料理だった。

しかし、大阪市ではお好み焼と名を変え、繁華街に進出し、大人相手で成功していた。広島市でも繁華街で売れるはずと考え、地域最大の夜の繁華街、新天地・流川に屋台を出したのだ。料理名も大阪市に倣い、お好み焼とした。

ただし焼き方は混ぜ焼きではなく、一銭洋食と同じ重ね焼きにした。

広島市にはお好み焼がデート料理として使われた歴史がないため、馴染みがある重ね焼きを採用したのだろう。しかし、そうすると子どもの一銭洋食と何が違うのか？　となる。

井畝井三男さんと一緒に屋台を出していた黎明《れいめい》期のキーマン尾木さんは「旧満州のチェンピンをヒントにした」とうそぶいていたようだが、井畝井三男さんの長男で店を切り盛りしていた井畝満夫さんは忸怩《じくじ》たる思いがあったのではないか。

昼は子ども相手に売っている一銭洋食を、繁華街で夜に名前を変えて大人に出しているだけじゃないかと。

大正14年（1925）生まれで、呉市出身の小説家、田中小実昌は「ふらふら日記」（毎日新聞社刊)の中で「お好み焼と広島とは、まえはなんの縁もなかったはずだ」と書いている。

彼は子どものころ、呉市で一銭洋食を好んで食べており、昭和21年(1946)に上京している。

そのため、呉市の一銭洋食と、東京都のお好み焼は知っていた。

お好み焼は、繁華街にあるデート料理のイメージしかないので、なぜそれが広島名物に？　と不思議だったのだ。

そして、お好み村の「ちぃちゃん」を訪れ、古田正三郎さんに話を聞く。

「広島のお好み焼は『一銭洋食が原点ですよ』と古田村長さんはおっしゃる。戦争で姿をけした一銭洋食は、戦後の昭和二十五年ごろ復活し、でも、ただ量の大きさを競うだけだったが、昭和三十二年ごろから、つくりかたと味で勝負するようになったとか。そして、一銭洋食は子供の食べ物だったのが、オトナの食べ物になった」とあるのだ。

「昭和二十五年ごろ復活し」とあるのは井畝井三男さんと尾木さんが始めたお好み焼屋台のことだ。

「昭和三十二年ごろから、つくりかたと味で勝負するようになった」というのは、広島スタンダードスタイルがそのころに生まれたことを暗示している。

「ちいちゃん」の焼き方も広島スタンダードスタイルだ。井畝満夫さんが一部の店で作られていた麺を包んで二つ折りにする焼き方をベースにして昭和30年（1955）頃から改良を続け、昭和32年（1957）頃に完成させた。背景として中華麺の入手が容易になり、ボリュームが求められていた時代なので、麺入りをデファクトスタンダートにできたことが追い風になった。それが広島スタンダードスタイルではないか。

子どもが食べる一銭洋食の延長である広島オールドスタイルとは違い、大人が食べる味重視の料理として、悩みながら編み出した焼き方なので、広島オールドスタイルは「頑としてウソだと言い続けてきた」と述べられた。それが僕の結論だ。

なお、過去メディアには、閉店した「善さん」がお好み焼の元祖と書かれているものがあるけれどこれは誤りだ。

「焼け跡からのお好み焼き」（中国新聞1996年8月）」では「善さん」の店主、中村善二郎さんは最初、古物の商売をやり、続いてアイスクリーム販売をやったが、隣で営業していた尾木さんのお好み焼店が繁盛していたので、真似をして始めたとインタビューに答えている。尾木さんの後追いなのだから、元祖でないことは明らかだ。

ただし「善さん」の影響は思わぬところに残されている。店名に愛称を使ったのは「善さん」が最初なのだ。おそらく「善さん」の影響を受けたのだろう、井畝満夫さんが昭和28年（1953）に「美笠屋」から「みっちゃん」に店名変更する。

中村善二郎さんは年上で、井畝満夫さん曰く「威張っていた」から、仲は良くなかったようだが、気取った店名よりも愛称のほうが受けることを見抜いたのは先見の明だ。

その後は「みっちゃん」の影響を受け、新天地公園を中心に、愛称を店名にする店が増えた。

昭和42～43年（1967～1968）の職業別電話帳を見ると、東京23区、大阪市、神戸市で愛称を店名にしている店はほとんどなく、広島市の大きな特徴になっていく。

井畝満夫さんは広島スタンダードスタイルを編み出した以外にも、さまざまなイノベーションを起こしている。

老舗お好み焼店に行くと、時々総ステンレスのヘラに出合う。

東京ではがし、大阪でコテ、広島でヘラと呼ばれるこの食器は、元々は大工道具か何かの流用だと思うが、熱い鉄板の上で料理を整えるために使われる。昔はこのヘラに柄がなく総ステンレスで、熱くなるし握りにくいから、布を巻き付けて使っていた。しかし、布だとすぐに汚れる。

そこで井畝満夫さんが木の柄を針金で括り付けたのだ。「へんくつや」の初代、川原静子さん発案という説もあるが「麗ちゃん」の初代は井畝満夫さんに作ってもらったと語っている。さらに、客に小ヘラで食べさせるように推奨したのも井畝満夫さんだ。

本人曰く「屋台だから洗いものが大変なんですよ。ヘラで食べてくれたら皿や割り箸を使わなくて、洗うのはヘラだけでしょう。だからコレで食べるのが通だと言うたんです」とのこと。

小ヘラによる喫食は、それ以前から東京や大阪でも行われていたが、その後厚みを増し、具材が増える広島お好み焼において、重要な意味を持つことになる。

箸で食べると、成層構造を突き崩して食べることになるが、小ヘラを使うと成層構造を保ったまま食べることができるからだ。

小ヘラにも木の柄を付け、それを使って食べるよう積極的に推奨した功績は大きい。

また、お好み焼に生麺を使うのは広島スタンダードスタイルだけなので、その理由を井畝満夫さんに問うと「そのころはまだ蒸し麺や茹で麺がなかったんですよ」とはぐらかされた。

そうなのか？　と思って、広島市内で最も歴史が古い製麺所、マルバヤシの二代目、林本正也さんに確認した。

マルバヤシの創業は昭和23年（1948）で、場所は広島市中区鶴見町。

井畝井三男さんの「美笠屋」よりも2年古い。林本正也さんは「蒸し麺はなかったですね。でも茹で麺はありましたよ」と言われるではないか。茹で麺はあったのに使わなかったのだ。

僕は当初、賞味期限の問題ではないか？　と考えた。

常温の屋台で保存した場合、茹で麺より生麺のほうが傷みにくい。

水分が多い茹で麺はすぐに傷んでしまうからだ。


しかし「みっちゃん総本店」では現在も生麺を茹でて使っている。

蒸し麺や茹で麺が使いたくても使えなかったのであれば、代えればいいはず。ビニール袋を破ればすぐに使える蒸し麺や茹で麺と違い、生麺は麺を茹でる釜と熱源が別に必要。

茹で湯が濁ったら捨て、新しい湯を沸かさなければならない。

同時にたくさん茹でると、人数ごとに仕分けるのが大変だし、効率性だけを考えると生麺を使う理由は皆無だ。

しかも通常、生麺のほうが高いので、全国的に見ても生麺を使う地域はほとんどない。

なぜ生麺を使い続けたのか、理由を訊くと「そりゃ旨いからですよ。ご飯だって炊き立ての焦げたところが旨いでしょう。麺だって同じですよ」と即答された。

茹で麺を使う広島オールドスタイル（一銭洋食）に対し、味本位の広島スタンダードスタイル（お好み焼）は生麺でなければならないという矜持《きょうじ》があったのだろうと僕は考えている。

また、夕方からの営業だったお好み焼屋台に声をかけ、昭和40年（1965）に広島駅ビルへ移ったのも井畝満夫さんの功績だ。

当時は家賃が高いし、失敗するに決まっていると嘲笑されながらの移転だったとのこと。「紀乃国屋」や「麗ちゃん」は当時、井畝さんが誘って移転し、現在も営業している。

そして、残された14の屋台が広島市と交渉し「お好み村」を形成する。

その後、諸事情により「みっちゃん総本店」は八丁堀に移るが、繁華街の夜の屋台料理が、駅ビルで昼食として食べられるようになったことは大きい。

広島市の名物料理として、お好み焼が有名になったのは、お好み村と同じくらい駅ビルが貢献している。僕自身、初めて広島市でお好み焼を食べたのは駅ビルの「麗ちゃん」だ。

二十歳そこそこの僕は、建て替え前のやや蛮カラな雰囲気のお好み村には入りにくかったが、明るい駅ビルなら一人でお好み焼を食べることができた。広島市は支店経営の街なので、新幹線で訪れたビジネスマンが全国に伝える効果もあっただろう。

さらに、井畝満夫さんがお好みソースの改良に関わっていたことがわかっている。当時は広島市中区舟入に工場があり、その後三次市に移った毛利醸造の「サクラヤソース」(昭和35年(1960)にカープソースと改名)を使っていて、こういう味にしてほしいと何度も工場に足を運んでいたようだ。

そして重要なのが、広島スタンダードスタイルが料理的に正しいと信じ、その普及に努めたことだ。

昭和60年(1985)頃、店で使うソースをカープソースからオタフクソースに変え、オタフクソースが主催するお好み焼教室の指導者として、全国で教え続けたことは広島スタンダードスタイルが主流となる一因になった。県内外の多くの店が、井畝満夫さんの生徒なのだ。

もう少し話を続けよう。

イノベーターはぐずぐず検討するより、取りあえずやってみるのが特徴。

八丁堀「みっちゃん総本店」は、週末や連休に観光客が行列するが、平日は近所のビジネスマンが中心。10年くらい前までお好み焼専門ではなく、日替わりランチがあり、夜はチョイ飲みもできる食堂のような店だった。今も残っているが、とり炒め定食なんてリーズナブルで旨いので僕は何度も食べた。昔はラーメンや広島つけ麺まで出していて、僕はどちらも食べている。親子丼もあったし、すき焼き丼もあった。タケチ麺という謎な料理を頼んだら、札幌市のラーメンサラダが出てきて、広島市民でこの料理の由来がわかる人って何人いるんだよ？　と斜め上過ぎて笑ったこともある。メニュー落ちしたが、大阪焼という名前で混ぜ焼きも出していて、これも旨かった。

大阪焼は、約30年前に独立された広島市中区基町「よっちゃん」で現在も食べることができる。とにかく、やれることは全部やってみる。試行錯誤を高速回転させるところが、イノベーターだ。

他にも井畝満夫さんの先進性を痛感したことがある。

ウェブサイトの開設がどこよりも早かったのだ。

そのため「みっちゃん総本店」のドメインはokonomi.co.jpである。ドメインの取得は早い者勝ち。大阪市には企業化されたお好み焼店がいくつもあるのに、誰よりも早くお好み焼ドメインを取得したのは井畝満夫さんだった。店で眼光鋭く焼いている姿しか知らなかった僕は、あの怖い井畝満夫さんの時代を読む力は大したものだと感心した。


広島スタンダードスタイルは、お好み焼本体で麺を包む珍しい焼き方の一銭洋食をベースにして、井畝満夫さんを筆頭とする井畝一族が改良を重ねたものと考えられる。

それが現在の主流になっているのだから、井畝満夫さんがお好み焼の創案者という主張は、前提付きだが正しい。

では、広島オールドスタイルはどこから来たのか？

お好み焼本体で麺を包む焼き方は「かじもと」にしか残っていないが、広島オールドスタイルは現在も多くの店で採用されている。

僕は誰かが教えたのではないかと考えた。

井畝満夫さんが広島スタンダードスタイルを確立し、お好み焼教室でその焼き方を広めたように、広島オールドスタイルも誰かが教えたと仮説を立てたのだ。

ではどんな人ならば教えるメリットがあるのか。

お好み焼店を営む際、必須なのは鉄板、キャベツやモヤシなどの野菜、豚肉、中華麺やうどん、お好みソースなど。お好み焼店に必須の鉄板を売る人か？　と思ったが、現在とは異なり、当時はお好み焼の鉄板を専用で作っている業者はいなかったようだ。

古い店で話を聞くと、知り合いの鉄工所で作ってもらったとか、廃業したお好み焼店から譲り受けたという話が多かった。鉄板製造業者説はナシだ。


ではお好み焼の材料はどうか。

キャベツやモヤシなどの野菜は市場で仕入れていたと井畝満夫さんが言われていた。

豚肉は精肉店だっただろう。お好みソースは誕生したかどうかのころで、直売か問屋で買っていただろう。

それならば麺ではないか？　と考えた。

まだスーパーマーケットよりも市場が主流の時代なので、麺は製麺所から直買いしていたはず。一銭洋食に麺を入れるとボリュームが増えるから客が喜ぶというセールストークで、製麺所が広島オールドスタイルの焼き方を教え、取引先を開拓したと仮説を立てた。

これならあり得ると思ってマルバヤシの林本正也さんに訊いてみた。

「確かに当時、茹で麺を個別包装せず、麺箱に並べて食堂やお好み焼店に納めていました。でも私の知ってる限り、麺屋さんがお好み焼をレクチャーしたことはないと思いますよ」と言われてしまった。製麺所説もナシだ。

それならば、どこで習ったのか直接訊けばいい。

広島オールドスタイルの老舗を片っ端から訪れてヒアリングした。

しかし、誰一人として具体的に教えてくれなかった。

二代目の場合は当然、先代から継いだと言われたが、一代で店を続けている店では、誰にも習っていない、自己流と言われるのだ。

僕が確認した限りで最も古いのは東広島市西条本町「よし」である。昭和30年（1955）創業で、現在は創業者の姪となる二代目が切り盛りされている。「元々伯母がやってたからねー、私はそれを引き継いだだけで、習った先とかはわからないねー」と親切に答えてくださった。

昭和32年（1957）に果物店からお好み焼店に転業した、広島市西区己斐本町の「さざんか」の店主にも訊いた。彼女は当時から自分で焼いていて、代替わりせずに焼き続けている店としては広島県安芸郡坂町「西谷」の昭和29年（1954）創業、広島市中区光南「光」の昭和30年（1955）創業に次いで長い。

焼き方は「見よう見まねの我流」と言われ、そもそも当時は周囲にお好み焼店がなかったので習いようがなかったとのこと。

廿日市市屈指の老舗、昭和33年（1958）創業の「たまる」も一代で焼き続けている店なので、確認してみたが「焼き方なんて誰にも習っとらんよ」と言われた。

昭和38年（1963）創業、広島市西区横川「文ちゃん」では「自宅の軒下で駄菓子や貸本と一緒に始めるような商売なんだから、人に習うようなもんじゃない！」と笑われた。

まるでシンクロニシティーだ。

生地、キャベツ、モヤシ、麺、バラ肉を並べ、これを使って自由にお好み焼を焼いてくださいと言ったとしよう。すると全ての店が偶然にも同じ焼き方をするなんてことがあるだろうか。そんなことはあり得ない。

その僕の疑問を晴らしてくれたのが、広島市南区東雲にある昭和38年（1963）創業の「中所」である。焼き方が広島オールドスタイルなので、いつものようにどこで習ったの？　と訊くと「誰にも習っとりゃぁせん！　子どものころ、近所のおばあちゃんが焼いてたのをジーッと見よったんよ、それで覚えたんじゃ！」と言われるではないか。

嗚呼！　ここでやっと疑問が氷解した。
僕がいつも「習ったか」と訊くから「習ってない」と言われたのだ。
誰もが自分が子どものころに食べていた一銭洋食と同じように焼いていただけなのだ。
そういえば「さざんか」の店主も「見よう見まね」と言われたではないか。
自分が子どものころに食べた一銭洋食の見よう見まねだったのだ。

それから僕は質問を変えた。
この焼き方は子どものころに食べていたのと同じ焼き方？　と訊いてみると、そうだと言われるではないか。習って覚えたのではない、子どものころに見て覚えたということなのだ。

メリケン粉が入手しやすくなるのは戦後の昭和25年（1950）からなので、それまで中華麺を入れることは一般的ではなかった。

これは呉市「ぼてじゅ」でのヒアリングとも一致する。

ただ、当時から一般的ではないけれど、うどんや中華麺を入れたお好み焼（一銭洋食）も提供されていて、その焼き方が広島オールドスタイルだったのだ。

広島オールドスタイル最大の特徴は、麺と本体を分けて焼かないので鉄板の専有面積が少なく、小さな鉄板でも同時にたくさん焼けること。

今も広島市安芸郡坂町「西谷」や呉市中通「やました」で見ることができるように、昔の鉄板は机サイズだった。

中国新聞の炎の鉄板おこのミステリー平成13年（2001）12月31日でハナキの先代、花木久男さんが、昭和27年（1952）頃の鉄板は、縦60㎝、横90㎝、厚さ12㎜だったと答えている。熱源が練炭なので鉄板を大きくできなかったのだ。

そして、麺を入れたことがわかっている最古の店を発見した。

昭和23年（1948）創業なので「みっちゃん」のルーツである、井畝井三男さんの「美笠屋」よりも2年古い。既に閉店しているがエキニシにあった「天六」だ。ここは現在も看板が残っている。そして、焼き方は広島オールドスタイルだった。

まず、生麺を水で湿らせて鉄板に置き、化学調味料とウスターソースで下味をつける。生地を大きく延して麺をのせ、モヤシ、キャベツ、天カス、バラ肉の順に積み、つなぎの生地を多めに振りかけて

ひっくり返し、じっくり焼く。頃合いをみて玉子を鉄板に割り落とし、その上に本体を重ね、玉子がまだ半熟のうちにひっくり返してソースを塗る。うどんにはきしめん状の平麺が使われていた。

僕が最後に食べたのは平成14年（2002）1月で、それからしばらくして閉店された。

この店が昔から麺を入れていたことが記録されていたのは、中国新聞「焼け跡からのお好み焼き」である。記事の中で店主の田辺ツルさんは「皮を敷いて野菜だけだったね。キャベツがないときはタマネギやホウレンソウも使うて。お客さんは、一日中ひっきりなし。あのころ、お好み焼を出す店はあまりなかった。冷やご飯を持ってくる人がおったね。焼き賃を追加して一緒に混ぜる。注文でそばを入れたりもしていた」と述べている。キャベツにも事欠く時代に、注文があれば麺を入れることがあったと明記されている。

そして、その焼き方が広島オールドスタイルだったのだ。

広島オールドスタイルは、広島市だけでなく、東広島市、呉市豊浜町、尾道市吉和地区、福山市鞆の浦の老舗でも見つかったので、広島県下一円に広まっていたようだ。

そんな中で、広島市中区江波や呉市中心部のように、完成したお好み焼で麺を包むやり方もあった。マニュアルはないので、さまざまな焼き方があったのだろう。実際「天六」はキャベツとモヤシの位置が入れ替わっている。

「善さん」の焼き方も他店と違っていたし、屋台時代からの老舗で既に閉店した「三吉」も井畝満夫さんが「あそこは私とは違う焼き方だった」と言われていたので、昔は現在よりも多様な焼き方があったようだ。

そのなかで淘汰されて選ばれたのが広島オールドスタイルであり、井畝満夫さんが創案した広島スタンダードスタイルなのだ。

先の古田正三郎さんの談話にあったように、一銭洋食がお好み焼の原点であることは間違いない。

肉玉そばとは、本来ベースとなる一銭洋食状の基本形に、豚肉と玉子と中華麺のオプションを加えるという意味。豚肉も、玉子も、中華麺もオプションなのだ。後年に加えられるようになったモヤシを除き、味のアクセントとなるちくわやかまぼこを加えれば、現在でも一銭洋食状の料理となる。

しかし正確に述べるならば、本体で麺を包むというマイノリティーな一銭洋食をヒントに、井畝満夫さんが改良を重ねて生み出したのが広島スタンダードスタイル。さまざまな焼き方があった一銭洋食の主流を引き継いでいるのが、広島オールドスタイルなのだ。

CHAPTER 3

焼きそばスタイルという傍流

広島お好み焼の2大流派、広島スタンダードスタイルと広島オールドスタイルのルーツはわかった。

しかし、それとはまた別の焼き方も存在する。

広島市から呉市にかけて、一部の店でユニークなお好み焼が提供されているのだ。焼き方を説明しよう。

鉄板の上に中華麺(蒸し麺)が主流、キャベツ、モヤシ、豚バラ肉を置き、ウスターソースやお好みソースで味付けして炒める。つまり、焼そばを作るのだ。

頼んだのはお好み焼だが……と思っていると、鉄板の上に生地を引き、完成した焼そばを生地の上に置く。えっ？　と驚いていると、それをひっくり返し、鉄板に玉子を割り落として本体を重ね、再びひっくり返してお好みソースを塗るのだ。

確かに仕上がりはお好み焼の形をしている。

しかし中身は焼そばなので、お好み焼というより、オム焼そばに近い。一応、重ね焼きだが、生地、焼そば、玉子とシンプル。だがこれも広島お好み焼の一形態なのだ。

呉市では、さらにこれを二つ折りにして提供する店が多い。そのため、二つ折りは呉市の特徴と言われることがある。

しかしそれはミスリード。一銭洋食時代はソースを塗った面を内側に折り、新聞紙に包んで渡していたので、広島市も二つ折りだった。

広島市で二つ折りが廃れた理由は主に三つ。

最大の理由は、具材のボリュームが増え、物理的に二つ折りが難しくなったこと。

さらに玉子を使うことが一般的になり、片面を生地で、片面を玉子で固めるようになり、開いた形でも型崩れしにくくなったこと。店の鉄板からヘラで直接食べるのが主流になったことだ。

ヘラで鉄板から直接食べるなら、二つ折りではなく開いていたほうが食べやすい。

広島市内では合理的な理由により廃れたが、呉市域では一銭洋食時代の影響が強く、広島市ほどボリュームアップしなかったので二つ折りが残ったようだ。どちらにせよ折る折らないは、焼き方ほど本質的ではない。

問題はこの、オム焼そばのようなお好み焼のルーツだ。初めて食べたのは安芸郡海田町「建部」(閉店)だった(当時は「建部利明お好み焼店」)。快食.comの電子掲示板に「海田が発祥」という書き込みがあったことから、海田町の老舗を中心にヒアリングを開始した。

そして10軒以上回ったころ、安芸郡海田町「かどや」を訪れた。創業は昭和42年(1967)だが、元々広島市東区若草町で姉が5年ほど営んでいた駄菓子兼お好み焼店を引き継いでいるので、姉を初代にすると創業は昭和37年(1962)となる老舗だ。

この店の焼き方は広島オールドスタイルだが、船越や海田市駅付近でも営業していたことがあり、そのころは周囲に合わせて焼そばスタイルで営業したと言われたのだ。

なぜまた広島オールドスタイルに戻したの？　と訊くと「あれは手間がかかるんよ」とのこと。そんなに手間が違うかな？　と考えていると「あの焼き方は大阪から伝わったと聞いたけどねー」と言われるではないか。ただ「誰から聞いたか、もう忘れちゃった」と言われてしまった。

探すと広島市内でもこの焼き方をしている店があった。最も西にあるのが広島市佐伯区五日市町「ぼん」だ。麺をウスターソースで炒め、キャベツとモヤシを加えてさらに炒め、生地の上に置いて、その上にバラ肉を置いてひっくり返す。肉は一緒に炒めない。これは焼そばスタイルの店で時折みられる工夫だ。バラ肉をしっかり加熱できるし、バラ肉が鉄板に触れることにより、脂身が溶けて肉も麺も野菜も香ばしく焼ける。

焼そばスタイルの改良版といえるだろう。

重要なのは麺をウスターソースで味付けしていること。お好みソース（濃厚ソース）よりもウスターソースのほうが圧倒的に歴史が古い。そのため、古い焼き方ほどウスターソースを使う。どこで習ったんですか？　と訊いてみると「長束の……えーと、そうタカハシさんよ」と教えてくださったが「もう随分前に閉店したわ」とのことだった。多くはないが広島市内でも焼そばスタイルを提供している店があったのだ。

僕が調べた限りでは、広島市安佐南区緑井「ミッキー」が現在でもそうだし、閉店した広島市南区出汐「たけや」もそうだった。広島市中区西白島「うえお」では呉風ボタ焼そばとして出している。

また、どのようにして伝わったのか不明だが、三次市三次町「九ちゃん」も焼そばスタイルだ。

これはもしかして海田町ではなく、もっと東から伝わったのではないか？　と考えて、呉市を調べた。

呉市では麺が入らないものをお好み焼と呼び、麺入りをお好みそば、お好みうどんと呼ぶ。麺なしが本来のお好み焼で、麺入りが派生形であることがよくわかる。調べると、老舗を中心に今も焼そばスタイルがたくさん残っていた。特に昭和30年（１９５５）創業の呉市中通「やました」が一番の老舗だ。

現在も大変な人気で、店主はひっきりなしに忙しくお好み焼を焼いているので、呑気《のんき》にどこで習ったんですか？　と訊けなかったが、後に友人がヒアリングしてくれたところ、創業者は現店主の父で、麺が入手できるようになったころ、神戸から来た人にモダン焼のことを聞いて、この焼き方を始めたとのこと。ただその時期は不明だった。

前述の「ぼてじゅ」では、昭和33年(1958)当時、麺を入れる際は、本体で麺を包んでいたと述べられており、話が相反する。

「やました」の焼き方は麺、バラ肉、キャベツ、モヤシ、青ネギ、天カスをウスターソースで味付けして炒め、生地の上にのせてひっくり返し、玉子を半熟状に貼り付けて、二つ折りにして皿で提供する。ウスターソースが使われているので古い焼き方と思われるが、モヤシを入れるのは広島市がルーツで、昭和40年代頃からではないかと僕は考えている。ボリュームの少なさも一銭洋食を引き継いでいるのだろうが、「やました」が焼そばスタイルのルーツであると決めるにはエビデンスが弱い。

もう少し東はどうか? と調べると、呉市広塩焼「福ちゃん」も焼そばスタイルだった。ここが面白いのは玉子まで一緒に炒めてしまい、炒り玉子入りの焼そばを作って、それを生地に置いて、二つ折りで提供すること。この店も鉄板では食べられず、皿で提供する。

また、ニンジンが入るのが珍しくて、どうしてニンジンを入れるの？　と訊くと「元は姑がやっていた店なのだけれど、子どものニンジン嫌いを直そうとしてとか言っていたような……」とのこと。

なるほどねぇと思いつつ、ニンジン？　何か引っかかるなと考えていた。これは後に大きなヒントになる。

さらに東へ進むと呉市仁方桟橋通「道面」がある。ここもまさしく焼そばスタイルだ。少し違うのは焼そばが完成し、生地の上に置いた後、生玉子を上から割り落とすこと。白身が焼そばに染みていき、黄身が残った感じになったらひっくり返す。程よく加熱して、再びひっくり返し、お好みソースを塗ったら二つ折りにして、やはり皿で提供する。誰に習ったの？　と定番の質問をすると「自己流よ。子どものころに食べた味を探りながらよ」と答えてくれた。つまり、子どものころからこういうお好み焼があったということになる。

そこで、呉駅周辺のお好み焼は、昭和33年(1958)頃まで重ね焼きで、麺を入れるときは最後に加えて包んでいたが、その後に焼そばスタイルが伝わり主流になったのではないかと仮説を立てた。

呉市仁方町からさらに東へ調査を進めたが、比較的新しい店ばかりで、老舗は見つけられなかった。新しい店はほぼ井畝満夫さんが創案した広島スタンダードスタイルなので、昔の話は聞けないだろう。

竹原市も調べてみないといけないなと思いつつ、さらに先の三原市の状況を知りたくて、三原の人気店「オギロパン」の四代目、荻路新吾さんに教えを請うた。すると「途中で挫折してるんですけど」と言いつつ、三原市のお好み焼について、自らがまとめた資料を見せてくれた。

これは凄い！　と読んでいると、文中に「三原焼」という言葉が頻繁に出てくる。

この言葉の定義は？　と確認すると「具材(麺を含む)を全部炒めたのち、生地の上にのせ、ひっくり返して蒸し焼き。そのあと、玉子の上にのせるパターン。焼きそばを作っちゃって、生地にのせるタイプです。普通のお好みからすると結構変わった作り方で、三原に定着しているので『三原焼』としておりますした」とのこと。

なん……だと……？

つまり、三原市も焼そばスタイルということではないか！　僕がそれまでに食べた三原市のお好み焼は、広島オールドスタイルの三原市城町「てっちゃん」と、広島スタンダードスタイルの変形、三原市宮浦「さっちゃん」のみ。閉店した三原市港町「さこはた」ではお好み焼ではなくラーメンを食べた。つまり、焼そばスタイルを見落としていたのだ。痛恨のミスだ。

焼そばスタイルは、広島市から三原市まで海沿いにひとつながりだったのか！　と驚き、竹原市よりも先に三原市の調査に着手した。

しかし、三原市には昭和20～30年代に創業した老舗が全く見つからなかった。

最古レベルの店が「てっちゃん」昭和38年（１９６３）と「おしゃべりクック」昭和40年

（1965）である。もっと古い店がたくさんあったことは、荻路新吾さんやその他の人たちの証言で明らかになったが、全て閉店してしまっていて、どうやら他地域よりも先に、世代交代が終わってしまったようだ。誰かが継げば、それ以上の歴史を刻む店もあるけれど、三原市の場合、継ぐ人が少なかったのだろう。


三原市のお好み焼は呉市以上に独特なので、その特徴をあらかじめ述べておく。

まず、麺入りのお好み焼をモダン焼と呼ぶ。麺が入らない、野菜肉玉をお好み焼と呼ぶ。

また、モツ入りのオプションを用意している店が多い。モツとは鶏の内臓で、レバーと心臓が主流。僕が以前、RSK山陽放送に出演した際、発祥の店と言われる「てっちゃん」の店主にインタビューすると昭和50年（1975）頃に入れ始めたと聞いているが当時のことはよくわからないと言われた。

三原焼き振興会のウェブサイトには「昭和30年代初頭にはすでに提供していた店もあった」と記載されている。三原市は広島県内で最も養鶏が盛んな地域なのだ。

さらに、イカ天のことをのしイカと呼ぶ。のしイカは、本来ならばイカ天の材料。スルメをぬるま湯に漬けて皮を剥ぎ、醤油、砂糖、酒などの調味液に浸して味付けし、それを炙って熱いうちにローラーで圧延し、薄く伸ばしたものがのしイカだ。硬いスルメが柔らかくなり、味付けもされて食べやすくなる。のしイカに衣をつけて、油で揚げたものが伝統的な製法のイカ天である。

だが、のしイカが廃れ、代わりに油で揚げたイカ天が人気になり、お好み焼にもイカ天を入れるようになったが、なぜ依然としてのしイカという呼び名を使い続けているのだろう。

三原市西町「宮本」の店主に、なぜ三原市ではのしイカって言うの？　と話を振ってみると「なんでかねぇ、他のところは呼び方が違うの？」と訊かれたので、イカ天って呼ぶよと答えると「言われてみればそっちが正確ね」とコロコロ笑われた。三原市民は、イカ天をのしイカと呼ぶことに違和感がないのだ。

三原市の特徴を覚えたところで、三原市のお好み焼をウォッチしよう。

まずは現存する三原市最古レベルの店、三原市城町「おしゃべりクック」だ。この店は、モダン焼、焼そば、お好み焼のどれを頼んでも値段が同じ。中に入れる具を決めて、三つのうち一つで焼いてもらう。

モダン焼と焼そばの違いは、本質的に生地の有無くらいなので値段が同じでも理解できるが、お好み焼は麺が入らないのに同じ値段ってどういうこと？　と思い「お好み焼だと野菜などが増えるの？　とフロアの女性に訊くと「少しは増えるのかもしれませんが……」と要領を得なかった。

店主は最奥のキッチン内に置かれた鉄板の前で調理しているので、話しかけるチャンスがない。品書きを見ると具は牛肉、豚肉、イカ、モツ、海老で、牛肉が選べるのは珍しい。牛肉玉子入りのモダン焼が最も基本かな？　と推測して注文したら「そば入り一枚！」とオーダーが入ったので間違いなかったようだ。

焼き方は麺とキャベツを軽く炒めてウスターソースで味付けし、生地の上に焼そばを置いて、牛肉、紅生姜を置いてひっくり返す。呉市では全部一緒に炒めるが、三原市では肉は重ねる焼き方だ。程よく焼けると鉄板に玉子を割り落とし、本体を重ね、再度ひっくり返して、お好みソースを塗って出来上がり。食べてみると、あれ？　ソースの種類がわからない。店頭に「1965年開業以来守り続ける自慢のソース」と書いてあるので気になっていたが、食べても判断できなかった。

帰り際、これはどこのソース？　と訊いたが「ウチは昔からやっているのでよそと違うのよー」とはぐらかされた。もしかして県外のソースと続けて訊くと笑顔を返してくれたが、既製品をベースにブレンドしたり味を直したりしているのかもしれない。

詳しくは後述するが、県内で最も珍しいソース、びふとんソースとサニーソースも三原市で作られている。焼き方といい、ソースといい、三原市のお好み焼文化は深淵なのだ。

続いては三原市宮浦にある昭和61年（1986）創業の「つねちゃん」である。

ここでも当然、イカ天のことをのしイカと呼ぶ。焼き方は当然焼そばスタイルだ。麺、キャベツ、ニンジンの細切りを炒め、ウスターソースで味付け。肉やモツを入れる場合ここに入れて一緒に炒める。これを生地の上に置き、ひっくり返して程よく焼けたら、鉄板の上に玉子を割り落として本体を重ね、元に戻してお好みソースを塗る。

食べてすぐにテングソースだとわかったが、妙に甘さが強いのでおかしいなと思って確認したら、テングソースの甘口とのこと。テングソースに甘口が！　と驚くと「お願いして特別に作ってもらってるの。使っている店は数軒じゃないかな？」と言われたのでレアソースだ。

さらに、どこで焼き方を習ったのか質問すると「日赤病院近くに『小菊』って店があってね。お客として通っていたのだけど、自分で始めることになったから一日だけ習いに行ったのよ」とのこと。ニンジンを入れるのも「小菊」がそうだったからと言われる。

そういえば「てっちゃん」もニンジンが入っていたぞ？　と思い出す。

他にもニンジン入りがあるのだろうか？　と思って調べたら三原市だけで14店もあった。オプションとして追加するのではなく、デフォルトで入るのだ。

・三原市城町「てっちゃん」
・三原市城町「香屋」
・三原市宮浦「たくちゃん」
・三原市宮浦「つねちゃん」

・三原市宮浦「わかば」
・三原市宮沖「のりちゃん」
・三原市和田「ふくちゃん」
・三原市明神「ふれんど」
・三原市明神「コッペちゃん」
・三原市円一町「たぬき」
・三原市旭町「ぼくちゃん」
・三原市古浜「おこのみＡＢＣ」
・三原市糸崎「とおんきごう」
・三原市本郷南「すーちゃん」

呉市と三原市の焼き方は焼そばスタイルという共通点があり、下味にウスターソースを使うところも同じ。だが、呉市では鶏モツを入れないし、「福ちゃん」以外はニンジンも入れない。イカ天のことをのしイカと呼ばない。

逆に三原市ではモヤシを入れない。呉市では肉も一緒に炒めるが、三原市では一緒に炒めずに重ねる。三原市では、お好み焼に紅生姜を添える店が多いが、呉市ではほぼ見かけない。もしかして、それぞれの焼き方のルーツは異なるのではないか？　と疑問を持ち始めた。

調べるべきは、呉市と三原市の間にある竹原市のお好み焼だ。

竹原駅周辺の老舗は5軒見つかった。

竹原市中央「御幸」、竹原市本町「ほり川」、竹原市中央「将軍」、竹原市中央「青鈴」、竹原市竹原町「西川」だ。

「御幸」は関西風と広島風が両方あるけれど、広島風を選ぶとモヤシが入らない焼そばスタイルなので三原寄りだが、モダン焼表記ではなく、ニンジンも入らない。

「ほり川」も焼そばスタイルで、お好みそばと表記し、モヤシが入るので完全に呉寄り。

「将軍」はモダン焼があるものの、混ぜ焼きに麺を重ねるので、三原モダン焼ではなく、大阪モダン焼だ。

「青鈴」も焼そばスタイルでモヤシが入らないから三原寄りだが、ニンジンは入らず、表記がお好み焼そばとやや呉寄り。

「西川」は、表記がお好みそばなので呉寄りだが、焼き方はモヤシが入らない三原寄りの焼そばスタイルで、ニンジンは入らない。

竹原駅周辺では、麺入りのお好み焼をモダン焼と呼ぶことはなかった。

また、ニンジンを入れる店はなく、鶏モツのオプションもなかった。しかし、モヤシを入れない店が多く、広島市から伝播したモヤシを入れる流儀の東端は竹原市であることがわかった。

では竹原市でも三原市に近い竹原市忠海町はどうか?

老舗は「一茶」と「由起」があった。「一茶」は麺入りをモダン焼と呼ぶが、焼き方は焼そばスタイルではなく重ね焼きで、モヤシは入らない。ニンジンも入らず、鶏モツ入りもない。「由起」は麺入りをモダン焼と呼び、焼き方は焼そばスタイルでモヤシが入らない。鶏モツがあるので、完全に三原市スタイルと思ったら、この店の鶏モツは砂ズリだった。ニンジンは入らない。

また「由起」の店主から重要な話が聞けた。三原市の三菱や帝人の工場に活気があったころは、忠海町の若者は皆、三原市へ働きに行っていたとのこと。経済圏的にも文化圏的にも三原市の影響が強かったようだ。そのためお好み焼も三原市寄り。

さらに「この焼き方は関西から伝わったと聞いたことがありますよ」と言われるではないか。安芸郡海田町「かどや」、呉市中通「やました」の店主と同じ話をここでも聞くことができた。

竹原市も老舗が減っていて、中心部と忠海町にしか見つけることができなかった。

呉市も仁方以東の安浦、安芸津辺りでは老舗を見つけられなかった。呉市仁方までは呉市の焼そばスタイルだが、竹原駅周辺になるとモヤシを入れないなど呉市の影響が薄れ、竹原市忠海町では麺入りをモダン焼と呼ぶようになる。分水嶺は竹原市だ。

この時点で、呉市と三原市のお好み焼が共通の祖先であることが確からしいと感じながら、完全には確信が持てなかった。三原市と呉市で偶然、同じころに同じようなお好み焼が生まれたのではないか？　と考えていたりした。可能性としてゼロではない。

あるとき、焼そばスタイルには当然麺が入るけれど、麺が入らなければどんな焼き方になるのだろう？　と考えた。肉と野菜などの具を炒めてから生地の上に置くのだろう、と思って確認すると、呉市も三原市も、広島市と同じ重ね焼きだった。

なぜ麺を入れない時は重ね焼きにするのか、訪れた店で理由を問うたが、そんなこと訊かれてもという表情で「昔からそうなのよ」と言われる。麺入りは焼そばスタイルで、麺なしは重ね焼き。これが両者に共通していた。これでルーツは同じであると確信できた。

僕はそれぞれ、焼そば呉スタイル、焼そば三原スタイルと名付けた。

両者の典型的な焼き方を述べよう。

【焼そば呉スタイル】

蒸し麺または茹で麺、キャベツ、モヤシ、短く切ったバラ肉を鉄板に置き、焼そばを作る要領で混ぜて炒め、お好みソース（またはウスターソース）で味付けする。鉄板に生地を引いて焼そばを置いてひっくり返し、程よく焼けたら生地の反対側の面に玉子を貼り付け、お好みソースを塗り、玉子の面を折り込むようにして半分に折り、さらにお好みソースを塗り、皿で提供する。麺入りをお好みそば、お好みうどんと呼び分ける

単にお好み焼と呼ぶ場合は、麺が入らず、重ね焼きにする。広島市の影響を受けてモヤシを入れるのが特徴。

【焼そば三原スタイル】

蒸し麺または茹で麺、キャベツを鉄板に置き、焼そばを作る要領で混ぜて炒め、ウスターソースで味付けする。鉄板に生地を引いて焼そばを置き、短く切ったバラ肉を並べてひっくり返し、程よく焼けたら生地の反対側の面に玉子を貼り付けお好みソースを塗り、皿または鉄板で提供する。麺入りをモダン焼と呼ぶ。そばモダン、うどんモダンと呼び分ける。単にお好み焼と呼ぶ場合は、麺が入らず、重ね焼きにする。

イカ天のことをのしイカと呼ぶ。多くの店で鶏モツ（肝臓と心臓が主流）のオプションが

ある。デフォルトでニンジンを入れる店が多い。地元テングソースのシェアが高いものの、その他にも多様なソースが使われ、ブレンドも多い。

典型的な焼き方は前述の通りだが、この焼き方を伝える老舗が失われているため、各店によるアレンジが進んでいる。

焼そば呉スタイルで提供している店は、僕の調べた限りで26店ある。

【呉市内】

・呉市中通「やました」
・呉市本通「安まる」
・呉市本通「いき」
・呉市本通「ん」
・呉市三条「みやおか」
・呉市三条「ひだまり」（肉は重ねる）
・呉市海岸通「椛」

・呉市南辰川町「順ちゃん」
・呉市吉浦「藤本」
・呉市吉浦「石川」
・呉市広塩焼「福ちゃん」
・呉市広小坪「山田」
・呉市仁方「道面」
・呉市警固屋「八木」
・呉市音戸町「しんちゃん」
・呉市下蒲刈町「船田」
・呉市安浦町「喜平」

【呉市外】
・広島市佐伯区五日市町「ぽん」（肉は重ねる）
・広島市安佐南区緑井「ミッキー」（肉は重ねる）

・広島市安芸区矢野西「かみむら」
・江田島市小用「なかね」
・江田島市江田島町中央「安兵衛」
・竹原市本町「ほり川」
・東広島市黒瀬町「はっちゃん」
・三原市西町「宮本」（呉市三条「一休」で習った）
・三次市三次町「九ちゃん」（肉は重ねる）

焼そば三原スタイルで提供している店は僕の調べでは21店だ。

【三原市内】
・三原市宮浦「つねちゃん」
・三原市宮浦「じゅっぽ」
・三原市明神「ファンシーフリー」

・三原市和田「ふくちゃん」
・三原市城町「おしゃべりクック」
・三原市城町「まこと屋」（モヤシが入る）
・三原市皆実「しず」
・三原市円一町「たぬき」
・三原市旭町「ぼくちゃん」
・三原市古浜「おこのみＡＢＣ」
・三原市沼田東町「つくし」
・三原市沼田東町「ムーミンハウス沼田東」
・三原市港町「クレヨン」

【三原市外】
・竹原市忠海東町「一茶」
・竹原市忠海中町「由起」

・竹原市中央「御幸」
・竹原市中央「青鈴」
・竹原市竹原町「西川」
・呉市倉橋町「久保」
・呉市倉橋町「いずみ」
・尾道市栗原西「笑門」

探せばまだあるだろう。
新しい店でも「自分が子どものころに食べていたのはこういうお好み焼だったから」と古い焼き方で出していることがある。これは広島オールドスタイルでもしばしば見られる構図だ。

では焼そば呉スタイルと焼そば三原スタイルはどちらが元祖か。
お好み焼は東京をルーツとして、西へ伝わった料理なので、三原市から呉市へ伝わったと考えるのが自然だろう。三原市から呉線（当時は三呉線）沿いに西へ向かって、焼そばスタイルのお好み焼が伝播した。

呉市のお好み焼は、三原市を源流にしながら、モヤシを入れる広島市の流儀や、一銭洋食の二つ折りなどが混ざり合い、昭和35〜40年（1960〜1965）頃に独自のスタイルとして確立されたものではないか。鶏モツが伝わっていないのは、三原市のように養鶏が盛んではないため、入手困難だったと考えられる。

さらにもう一つ、三原市がルーツであるエビデンスがある。それが、ぼたん焼だ。

倉橋島と能美島、江田島の一部で、焼そばスタイルのお好み焼をぼたん焼と呼ぶ。植物の「牡丹」がルーツなのか、洋服につける「ボタン」から来ているのかわからない。誰にヒアリングしてもわからず、関連書籍を読んでも不明で、広島の食文化をウォッチし続けている僕にとって、積年の謎だった。

しかし、焼そばスタイルが三原市から西へ伝わったことに気付いたとき、答えにたどり着いた。モダン焼がぼたん焼に転訛《てんか》したのだ。ぼたん焼は麺を入れるときだけの呼び名で、麺を入れない場合はお好み焼と呼び、重ね焼きにする。

さらに、ぼたん焼にはモヤシを入れない。

ぼたんをモダンに置き換えれば、完全に焼そば三原スタイルではないか。経由地の竹原市ですらほとんど使われなくなっているモダン焼という言葉が、転訛した形で呉市の島しょ部に残っていたのだ。

ではどのように伝播したのか。

この場合、重要なのは道路網や交通機関の経路だ。距離が近くても海や山に隔たれ、人の行き来がなければ文化は伝わらない。ルーツが三原市なので東から伝わったはずだ。とびしま海道沿いの下蒲刈島、上蒲刈島、豊島、大崎下島、大崎上島では、モダン焼もぼたん焼という言葉も使われない。旧呉市内でも麺入りお好み焼をぼたん焼と呼ぶ店はない。

そして、能美島、倉橋島、江田島と本土との接点は、音戸の瀬戸である。今でこそ橋がたくさん架かっているが、昭和20～30年代の最大の生活路は音戸の渡しだ。音戸の瀬戸を渡るとき、モダンをぼたんと間違えるという雅なミスがあったのではないか。であるならば、音戸町でもぼたん焼と呼んでいる店があるはずだ。

ここまで調査を進めて呉市音戸町を訪れたとき、確認できる最古の店だった昭和39年（1964）創業の「金元」はタッチの差で閉店していた。

しかし、呉地方拠点都市地域推進協議会が発行した『芸南ふれあい交流マガジン・海陽彩都』の第27号に「金元」の記事を見つけた。

「金元」では麺入りをぼたん焼と呼ぶと書いてあり、写真ではモヤシが入っていないように見えた。やはり焼そば三原スタイルだったようだ。

次に古い店は「しんちゃん」である。ここを訪れたのは2度目で、品書きにぼたん焼がないことはわかっていた。店主に話を訊くと「ウチはもう30年以上店をやっとるけど、ぼたん焼というのを知らなくてね。柏村武昭のテレビ宣言でぼたん焼の店として出てくれと言われて、そのときに初めて知ったの」とのこと。

「昔はぼたんのうどんとか言う人が多かったけど、最近はそう呼ぶ人もいなくなったわよ〜」と言われた。音戸町でも使われなくなりつつある言葉なのだ。

なお、この店は焼そば呉スタイルなので、正しくはぼたん焼ではない。店主がぼたん焼を知らないのも道理だ。

倉橋島では音戸町から全島へ伝わったようだが、その先の江田島と能美島はどうか。閉店してしまったが、江田島市小用港近くにあった「あき」へ平成15年（2003）に訪れた。昭和27年（1952）創業という現存していれば県内屈指の老舗で、焼き方は広島オールドスタイルだった。店主にぼたん焼について訊いてみると「ウチは違うけど、この辺りでぼたん焼を出す店は半々くらいかねー」と言われたのだ。

一銭洋食の流れを汲む広島オールドスタイルと、音戸町で転訛し、倉橋島を経由して伝わったぼたん焼が、16年前の江田島では混在していた。

なお、本土側では音戸町のすぐ北にある呉市警固屋「八木」は焼そば呉スタイルで、ぼたん焼という言葉を見つけることはできなかった。

まとめると、三原市から西に伝わった麺入りのお好み焼、モダン焼が音戸町でぼたん焼に転訛し、それが倉橋島と江田島、能美島の一部に広まったと考えられる。

では、現在もぼたん焼という呼び名で提供している店はどのくらいあるのだろうか。

平成16年(2004)に発行された「広島お好み焼き徹底攻略本1005店」(中国新聞社刊)では、倉橋島、江田島、能美島のお好み焼店を18店掲載しており、担当ライターに強い関心があったのだろう、店の紹介記事には必ずぼたん焼かどうかが書いてある。ただし「しんちゃん」もぼたん焼になっており、焼そば三原スタイルと焼そば呉スタイルの区別はされておらず、焼そばスタイルであれば全て、ぼたん焼と判断されている。この中で、18店中12店がぼたん焼と記載されていた。全体の7割だ。

15年前はぼたん焼という言葉が普通に使われていたのだ。僕は平成29年(2017)5月にこの12店を全て訪れたが、ほとんどの店が閉店しており、残っていたのは前述の「しんちゃん」、江田島市大柿町「照」、呉市倉橋町「久保」の3店のみだった。

「照」では品書きにぼたん焼という記載がなく、そば肉玉になっていた。店主によると「昔はぼたん焼って言ようたけど、最近は言わんのよ」とのこと。焼き方はまさしく焼そば三原スタイルで、ウスターソースで下味をつけ、モヤシは入れない。提供時には二つ半折りにせず、円形のままで提供する。

さらに、貴重な話を聞くことができた。「ウチは元々音戸の渡子の出なんよ。ぼたん焼は音戸の言い方じゃけぇ」とのこと。ぼたん焼は音戸町が発祥という仮説に、初めてエビデンスが得られた。「照」が昭和48年（1973）創業なので、店主が子どものころからそう呼んでいたと考えると、昭和30年代にはぼたん焼と呼ばれていた可能性が高い。呉市内のお好み焼が焼そばスタイルになったのが、昭和35〜40年（1960〜1965）と考えられるので、年代的にも齟齬《そご》がない。

その後も少し調べたが、ぼたん焼を品書きに掲げている店は「久保」と、呉市倉橋町尾立の八剱神社入口にある「新谷」しか見つけられなかった。「久保」のぼたん焼は当然モヤシを使わず、鉄板で食べる際は二つ折りにしない。バラ肉を長いまま使うのと、テークアウトの際には二つ折りにするというのは少し違うが、ほぼ焼そば三原スタイルだ。店主になぜぼたん焼と呼ぶの？　と訊いてみたが「それね。昔、テレビの依頼で調べたのよ。この辺りでお好み焼をやってた古い人にも聞いたんだけど、その人も知らんって言ってた。牡丹の花に似とるからかね？」と言われた。もはや誰も本当のルーツを知らないのだ。

「久保」からさらに南下した呉市倉橋町鹿老渡に広島県最南端のお好み焼店「いずみ」がある。そこが驚くことに正統な焼そば三原スタイルだった。三原市から倉橋町鹿老渡まで、この焼き方が伝わった長い道のりを思い浮かべ、僕は胸が熱くなった。

表記は呉市の流儀でお好みそばだが、モヤシが入らないだけでなく、ニンジンが入る。麺の下味はウスターソースではなくお好みソースを使い、バラ肉は焼そばの上に重ね、焼き上がったらそのままの形で提供する。下味がお好みソースであるところだけ異なるが、ニンジン入りまで伝わっているのには驚いた。

それほど老舗ではなさそうなので、どこで習ったのか店主に確認すると「元々は家で作ってたのよ。こういう焼き方をするのはウチだけじゃない? ニンジンは色味がいいでしょ」とのこと。どうやら子どものころに食べていた焼き方を踏襲しているパターンのようだ。

さらにお好みそばとは別に、モダン焼があったので頼んでみると、お好みそばにイカ天を入れたものをこの店ではモダン焼と呼んでいた。それよりも竹原市ですら使っている店がほとんどないのに、三原市から遠く離れた広島県最南端でモダン焼の表記が伝わっていることが驚きだった。

三原市でモダン焼と称する麺入りのお好み焼を、音戸町など倉橋島周辺ではぼたん焼と呼ぶ。だが、焼そば三原スタイルの店も減り、店も客もぼたん焼という言葉を使わなくなり、消滅の危機にある。このままぼたん焼は消えてしまうのか。名前がチャーミングで風流なだけに寂しい。地元が盛り上げるなどして、この歴史あるお好み焼を消さないでほしいと僕は願っている。


三原市から広島市まで、沿岸部に伝わる焼そばスタイルは概ね解明できた。

しかし、僕が気になったのは、この焼き方が関西から伝わったという話だ。県内でのルーツと思われる三原市に、帝人や三菱重工の工場があることが影響しているのだろうか。


僕が知る関西のモダン焼は、混ぜ焼きのお好み焼に中華麺を貼り付けた料理だ。

三原市のモダン焼のように、肉、野菜、中華麺を炒めて味付けし、焼そばを作って生地の上に置く料理とは全く違う。そういう料理はないかと調べていると「神戸モダン焼」という言葉に出合った。僕が知っていたモダン焼は「大阪モダン焼」で「神戸モダン焼」とは違うというのだ。

神戸モダン焼の元祖と言われるのが「志ば多」ということで、早速食べに行ってみた。

案内役をお願いしたのは「関西お好み焼き総研+」のジミヘンさんである。彼が広島市に赴任されていたころ、メールか電子掲示板でやりとりしたことがあったので、無理言ってお願いしたが、快く案内役を引き受けてくださった。

「志ば多」を訪れると「神戸モダン焼は元々うどんで作っていたんですよ」とジミヘンさんに教えてもらった。

また「広島市と違って神戸市では玉子がオプションです」と言われる。品書きをじっくり見ると、なるほど、玉子入りは数えるほどしかない。それらにはチャンポン玉子、ぶた玉子、すじ玉子などと明記されている。

「お願いすればうどんモダンに玉子を入れることもできます」と言われたが、基本を知りたかったのでうどんモダンを選んだ。

焼くところを観察すると、うどん、豚肉、キャベツを塩胡椒で炒め、ウスターソースとお好みソースで味付けしてから薄く伸ばした生地の上に置く。モヤシが入らないところ、ウスターソースを使うところまで、全く三原市のモダン焼と同じ。

しかし、ここからが少し違う。生地の上に置いた焼うどんの上に生地を垂らすのだが、その量が非常に多い。広島市で一般的な少し粘りがある生地ではなく、さらさらの生地なので中にたっぷりと染みこむ。それをひっくり返してじっくり焼き、再びひっくり返したら出来上がりである。ソースを塗っていない、キツネ色のお好み焼が運ばれてきた。

ジミヘンさんによると「ソースは自分で塗るのが神戸市の流儀なのです。この辺りの地ソース会社は、甘口、辛口、ドロソースの3種類を作っています。卓上にドロソースがない店もありますが、言えばどこでも出してくれますよ」と言われた。せっかくなので甘口と辛口を真ん中で塗り分けて食べてみる。甘口でも広島県内のソースに比べて甘さが控え め、酸味があって好ましい。辛口はもう少し甘味があったほうが合うのでは？　と思うくらいの辛口だった。

そして、肝心のモダン焼だが、三原市のモダン焼以上にキャベツの量が少なめ。

広島市のお好み焼はキャベツが多いのが特徴だが、他地域はそれよりもやや少なめ。焼そばスタイルの呉市と三原市は特に少ない傾向があるけれど、それよりもさらに少ない。比例して麺の主張が強くなるし、焼うどんの上からたっぷりのさらさらの生地をかけたので、中まで生地が染みている。生地（小麦粉）とうどん（小麦粉）の間に豚肉やキャベツが入り込んでる感じで、コナモン感がとても強かった。これは小麦粉料理だ。

大阪市のお好み焼は、生地に玉子や山芋などが入るため、さっくりしてふわふわ感もあるけれど「志ば多」のモダン焼はみっちりと小麦粉だった。玉子が使われないところは違うけれど、それは玉子が高価だった時代の名残りを今も残しているだけ。

何はともあれ焼き方が同じなので、これが三原市のモダン焼のルーツなのかと感じた。ちなみにすじ焼も頼んだが、こちらは重ね焼きだったので、モダン焼は焼そばスタイルで、お好み焼は重ねて焼くという点も同じだった。

しかし、神戸市と三原市のつながりが見えない。

当初は三原市だから、帝人経由で入ってきたのかな？　と思っていた。しかし、帝人のルーツは山形県の帝国人造絹絲で、創業後、すぐ大阪市に本社が移される。三原事業所の設立は昭和9年(1934)だ。三菱重工の三原工場は昭和18年(1943)に稼働しており、三菱財閥グループだから本社は東京。こちらも神戸市とは関係がなさそうだ。

地元テレビ局の取材によると「志ば多」がモダン焼を出し始めたのは昭和22年(1947)とのこと。終戦直後だ。それに僕はちょっと違和感を持った。モダンという言葉が使われていたのは、モボ・モガの時代だ。これはモダンボーイ、モダンガールの意味で、例えば都市部の仕事に就いている女性(当時は「職業婦人」と呼んだ)は、結い髪から断髪へ、和装から洋装へ切り替えた。一連の文化を大正モダンと呼び、大正時代に始まり、昭和10年(1935)頃まで続いた。

その後は第二次世界大戦に向けて世の中が動き始めるので、廃れてしまう。

「モダン」という言葉が流行ったのは戦前なのだ。

ここで僕はきんぴらごぼうを連想した。金平とは、童話に出てくる金太郎の架空の息子の名前で、江戸時代の金平浄瑠璃でブームとなった。金太郎が怪力無双だから息子も同様で、今で言えば映画やアメコミのスーパーマンに近い。そこから強いものの代名詞として「金平」が使われるようになった。金平牛蒡はその名残りだ。牛蒡は硬くて丈夫な上、強壮作用があるとされたので、金平牛蒡と呼ばれるようになった。同じようにこのころ、気が強い女性を金平娘、膠《にかわ》が入った接着力の強い糊を金平糊と呼んだ。

金平＝強いということだ。

江戸時代も大正時代も日本人のネーミングセンスは大きく変わらない。ならばモダン焼が生まれたのは大正時代ではないかと思うのだ。戦後ではモダンという言葉の賞味期限が切れている。モダン焼を提供する店としては「志ば多」が現存する最古の店かもしれない。

しかし昭和8年（1933）創業、日本で最も古いお好み焼店、神戸市「みずはら」では、昔からうどんを入れてたと三代目店主が教えてくれた。蕎麦を入れたりもしたらしい。昔から麺を入れるオプションはあり、大正時代からモダン焼と呼んでいたのではないか。モダンボーイ、モダンガール、モダンダンス、モダンジャズ、モダン焼だ。
しかしこれは単なる推測で、エビデンスがない。モダン焼に関する文献はお好み焼以上にない。詰んだか……と半ば諦めていた。

モダン焼案件を忘れかけていたとき、京都市を訪れる機会があった。せっかくだから京都市の老舗を訪れてみようと調べたが、それほど古い店がなく、三十三間堂の近くに昭和38年（1963）創業の「吉野」があった。古いだけでなく、京都市内屈指の人気店だ。

品書きを見ると肉玉、豚玉、イカ玉、スジ玉、ホソ玉、油かす玉などがある。表記は大阪市などと同じだ。肉玉は牛肉で、豚玉が豚肉、ホソ玉がホルモンで、油かす玉が揚げホルモン入りとのこと。
ホルモン入りが面白いと思ったので、ホソ玉をお願いすると「麺はそばでええ？」と訊かれた。麺なしもできる？　と訊くと意外だという顔で「そりゃできるけど」と言われた。ホソ玉の麺なしだ。

焼き方を観察すると、厚めの生地を鉄板に引き、魚粉、細切りのキャベツ、天カス、小さく刻んだ紅生姜、生の牛小腸、多めの生地を振りかけてひっくり返す。程よく焼けたら鉄板に玉子を割り落として潰し、その上に本体を重ね、再びひっくり返して、ソース、多めの魚粉、青海苔で完成だ。ソースは甘いのと辛いのを選べるのは神戸市と同じ。濃度が高くて黒っぽいソースがキリッと辛口で、これは旨いなと食べていたら、麺入りの注文が入った。京都では麺入りのお好み焼のことをベタ焼と呼ぶらしい。

観察すると、鉄板の上にキャベツを置き、その上に麺を置く。そこへウスターソースが混ざっていそうなソースをかけて、その上に肉やイカなど、メインの具材を置いた。

それをササッと軽く混ぜて、生地の上に置くではないか。あれ？　もしかして焼そばスタイル？　と驚いた。炒めるのではなく、ササッと混ぜるだけだが、形式的には焼そばスタイルだろう。生地の上にキャベツと麺と具が軽く混ざった状態のものを置いたら、その上から天カスと小さく刻んだ紅生姜を散らし、多めの生地を振りかけてひっくり返す。最後は鉄板に玉子を割り落として潰し、その上に本体を重ね、ソース、魚粉、青海苔で出来上がり。僕が食べた麺なしに比べると、キャベツが3分の1くらいになるのが違いだ。

京都市は全部、この焼き方なの？　と店主に訊いたが「京都にもいろんな焼き方があるのよ。ウチはこうやって焼くけど」とのこと。他にも行ってみようと思い、店内にいた地元の人にヒアリングすると「ジャンボ」がイチ押しと言われ、調べてみると混ぜ焼きだった。焼き方に統一性がないのか？　と思いつつ、もう一店、歴史が古そうな「山本まんぼ」を訪れた。

話を訊くと創業は昭和25年（1950）とのこと。広島市の「みっちゃん」と同じ年だ。確認できた範囲では京都市内で最古。店のおすすめはまんぼ焼きスペシャルだった。「吉野」と同じように麺が入らないものを頼もうとしたら、麺入りを強く薦められた。「吉野」では麺なしにするとキャベツが増えるので食べ応えがあったが、ここはキャベツの量が変わらないので、酒のつまみにしかならないとのことだった。ちなみに、この店では麺入りをまんぼ焼と呼び、麺が入らないものをお好み焼と呼ぶ。麺が入らないお好み焼を、京都市ではベタ焼と言うと教えられた。あれ？　ベタ焼というのは麺入りのことを指すってジミヘンさんが言われていたし、「吉野」でもそう言われたんだが……と思いつつ、京都市の事情はよくわからないので黙っていた。

まんぼ焼スペシャルは興味深かった。最初、鉄板に牛肉のミンチ肉を少量置く。そしてその上に生地を引くのだ。生地の中心に薄く肉が埋もれている状態で、魚粉、天カス、青ネギ、細切れたくあん、細切れ紅生姜と散らして、生イカを中心に置く。鉄板の別の場所にキャベツを一摘まみ置き、その上に麺を重ねて、塩、胡椒、ウスターソースのようなものを上からかける。

それを鉄板で混ぜ広げて焼そばにして、本体に重ねる。その上に油カス（牛ホルモンを揚げたもの）、生ホルモンを重ね、少し生地を回しかけてひっくり返す。程よく焼けたら再びひっくり返し、中心に窪みを作ってソースを塗り、生玉子を割り落とし、玉子の周りに青ネギを散らして出来上がりだ。

ソースは甘口、甘辛、辛口の3種類。玉子はよく焼き、半熟、生玉子から選べる。僕はおすすめの辛口の生玉子にしてもらった。麺とキャベツが絡んでウスターソースっぽい酸味のある味がついているため、食べた感じは焼そばスタイルっぽい。

ただ、三原市や神戸市と同じかというと、違うところが多かった。麺が入らないお好み焼も注文が入っていたので観察したが、やはり重ね焼きだった。三原市と神戸市のモダン焼は兄弟くらいの近さだが、こちらは親戚くらいの近さ。最初に牛肉ミンチを置いて生地をかけるところは、肉天のＤＮＡが色濃く残っていることが伺えた。

それにしても店名がユニークなので、理由を訊いてみると「元々は『山本』だったらしいんですが、途中から『山本まんぼ』になったみたいで……」とのことだった。おそらく店名変更は１９５０年代のマンボブームだろう。お祭りマンボ、江戸っ子マンボ、すたこらマンボとやたら流行った時期があるのだ。

他にも焼そばスタイルのお好み焼があるのかと思って調べると、ベタ焼には焼そばスタイルと重ね焼きスタイルの2種類があるようだった。重ね焼きの場合は、生地、キャベツ、麺、具の順になる。

これは広島県内だと尾道市と府中市に共通する焼き方である。さらに「山本まんぼ」と同じように麺が入らないベタ焼もあった。広島県の場合も、いろいろな焼き方がありながら、ざっくりまとめて広島お好み焼と呼んでいるので、どこも状況は変わらないようだ。

推測だが、大正時代から昭和の初めに神戸市から京都市のどこかで、焼そばスタイルの一銭洋食が食べられていて、モダン焼と呼ばれていたのではないか。それを引き継いだのが「志ば多」であり、三原市の焼そばスタイルではないかと思う。

焼そば三原スタイルとほぼ同じお好み焼は神戸市の老舗「志ば多」にあり、京都市の老舗にもルーツが同じじっぽい料理があった。神戸市と京都市に残っていたのだから、大阪市にも戦前はこの焼き方が残っていた可能性はある。

もしかしたら洋食焼に麺を入れる際は、焼そばスタイルだったのかもしれない。

焼そば三原スタイルは関西から伝わったらしきことがわかったものの、三原市とのつながりは依然として不明だった。

ただ、神戸市や京都市の老舗とほぼ同じ焼き方のお好み焼が広島県内に伝わっていて、ましてや広島県内最南端のお好み焼にもつながっているなんて、ちょっとした驚きではないか。多くの人が思っている以上に、お好み焼文化はシームレスなのだ。

CHAPTER 4

安芸と備後はお好み焼文化も違う

ここまで、広島市周辺部と呉市から三原市までの沿岸部に残る焼き方を4種類説明した。では、その他の地域はどうか。

驚くことに三原市の東隣、尾道市に焼そば三原スタイルの店はほぼない。西方面には広島市内まで伝播したのに、なぜ隣町には伝わらなかったのか。

それは、尾道市には尾道市ならではのお好み焼が強固に根付いていたからだ。

ちょっと聞きかじった人なら「尾道は砂ズリが入るんだよね！」と言うかもしれない。しかしそれは閉店した尾道市久保「黒田」が昭和45年（1970）頃から入れ始めたものであり、比較的新しい。

今では尾道市のお好み焼の特徴のように言われているが、それは90歳を過ぎても焼き続けた「黒田」のおばあちゃんの功績だ。

昔は今よりも砂ズリが安く、肉っぽい食べ物に飢えた子どもたちが喜ぶからということで、お好み焼に入れたら大人気となり、それが他店に広まった。

そもそも、砂ズリは単なるオプションである。二つ折りと同じで、本質的な違いではない。尾道市のお好み焼は、広島市や三原市とは焼き方が異なるのだ。具体的に述べよう。

典型的な焼き方は、生地、魚粉、キャベツ、麺2分の1、細切れの豚肉の順に重ね、つなぎの生地を振りかけてひっくり返す。本体が程よく焼けたら鉄板に玉子を割り落とし、潰して広げ、本体を重ねて再びひっくり返す。

この時点で本体に薄く貼り付いた玉子にヘラを浅くサクサクと突き刺し、ソースが流れ落ちにくくする店が多い。最後はお好みソースを塗って出来上がり。

広島市の影響を受けていないので、モヤシが入らないのは当然として、麺を半分しか使わないこと、麺の上に肉をのせてひっくり返すことが最大の特徴。麺の位置が広島オールドスタイルとも、広島スタンダードスタイルとも違うのだ。砂ズリや海鮮も肉と同じ場所に入れる。

また、肉は長さのあるバラ肉ではなく、細切れの豚肉（豚コマ）を使う。麺は下味をつけたり、炒めたりしない。

この焼き方だと、ひっくり返したとき、鉄板に触れている順に豚肉、麺、キャベツとなる。豚肉の脂で麺がパリッと焼かれるので香ばしくてよいが、麺を隔ててキャベツを加熱することになるため、キャベツの量が多いとしっかり焼くことが難しい。

そのため、キャベツの量は広島市に比べてやや少なめ。麺もデフォルトでは半分しか使わないので、全体的にボリュームが軽めになる。


そしてオプションとして歴史が古いのは砂ズリではなく、生の海鮮だ。

尾道市ではお好み焼に海鮮を入れることが多く、最初は広島市の影響か？　と考えていたら、昔から入れていたと複数人から聞いた。これは裏取りが必要と考え「桂馬蒲鉾商店」の村上優美さんに連絡を取った。

「桂馬蒲鉾商店」の先代で、昭和3年（1928）生まれの村上隆さんがご健在なので、ヒアリングをお願いしたのだ。村上隆さんによると昭和11年（1936）頃、現在の「うどん奥山」の横の小路（尾道市では路地ではなく小路と呼ぶ）にあった「笠本」が一番古い一銭洋食の店だった。商店街を隔てて線路側にも「魚谷」という焼きイモと一銭洋食の店があり、店名は忘れたが現在の「パン屋航路」の小路にも一銭洋食の店があった。どこも麺は入っていなくて、麺が入ったのは戦後。

一銭洋食の店にはアサリ、イカ、エビなどのオプションがあったと教えてもらった。やはり、商人が多い尾道市では戦前から多くの一銭洋食の店があり、港町らしく海鮮を入れて食べていた。だから現在でも、お好み焼に海鮮を入れるのだ。

ただし、昔は安いからどっさり入れることができた海鮮も、値段が上がった今は難しくなっている。地域の伝統だから準備している店は多いが、冷凍品を加える店が増えた。当時は冷凍設備が高価ということもあり、生の海鮮を使うのが尾道市の流儀。お好み焼の値段を上げられないからと外国産の冷凍品に代えるのか、値段を上げてでも地元の生の海鮮を入れるのか。

後者を選んでいるのが「萩乃家」だ。僕は冬に訪れたので牡蠣入りを頼んだが、値段は1620円。高い！　と思うかもしれない。

しかし、ぷっくりとした地物の生牡蠣が5つも入る。さらにそのまま刺身で食べたいほどの生イカと生タコが入り、さらにイカ天も入る。もちろん中華麺も2分の1玉入る、大変豪華なお好み焼なのだ。広島市内の外国産冷凍海鮮を使ったお好み焼とは比べものにならない。

店の歴史は、東京出身の初代が戦争疎開で尾道に来て、昭和21年（1946）に寿司店として開業したのがルーツ。初代が亡くなられて二代目となる奥様が昭和35年（1960）にお好み焼店へ改装された。奥様は東京出身で、東京は昭和の初めからデート料理としてのお好み焼が主流になっていたので、個室で客が焼く混ぜ焼きの店だった。この店には「風流お座敷お好み焼」という古い看板がかかっていて不思議に思っていたが、看板に偽りなしである。

その後、昭和47年（1972）に三代目として現店主のお母様が引き継ぎ、昭和58年（1983）にサラリーマンだったお父様が四代目として店をやるようになる。このときに現在の重ね焼きに変更したようだ。既に四代目は亡くなられているのでお話は聞けなかったが、混ぜ焼きにも海鮮を入れていた経緯があり、尾道市の伝統的なオプションである生の海鮮を意識されたのだろう。後発ながらも、尾道らしさを色濃く残すのはそのためだ。現在は四代目の奥様と、息子さんが店を切り盛りされている。

尾道市で最古の店はどこか。

やはり老舗が閉店し続けているが、調べた限りでは「のぐち」のようだ。創業年は資料によって異なるが、僕のヒアリングでは昭和25〜26年（1950〜1951）とのことだった。広島市の新天地公園周辺にお好み焼屋台が並び始めた時期と同じで、県内では最古レベルだ。

「のぐち」の特徴は牛脂を使うことだが、生イカ、ホタテ貝柱などの海鮮もある。焼き方は先に述べた尾道独自のもの。あるいは尾道市独自の焼き方のルーツがこの店かもしれないし、一銭洋食時代から麺を入れるときにはこのように焼いていたのかもしれない。創業者が亡くなられているので、確認できなかった。

しかし、尾道市独自のお好み焼の呼び名は、この店がルーツと思われる。

初代は戦前、大阪市で「大虎」という蒲鉾店を営んでいた。尾道市のお好み焼の呼び名が、肉玉、イカ玉、ミックスと大阪市と同じなのはそのためと思われる。焼き方は地元の重ね焼きだが、お好み焼の名前だけを持ち帰った。これは井畝井三男さんの事例とよく似ている。

ところが、大阪市で肉玉と言えば当然麺なしで、麺が入る場合は肉玉モダンと呼ぶ。大阪市のモダン焼は歴史が浅く、昭和40年代に生まれたと考えられるので、初代が大阪市に住んでいたときに、そんな料理はなかった。

「のぐち」のメニュー表記に後発店が倣ったため、尾道市では肉玉やイカ玉といえば自動的に麺が入り、そもそも品書きに麺なしの記載がない。麺を入れない場合は、肉玉の麺抜きと指定する必要がある。

さらに、大阪市の肉玉は牛肉入りを指し、豚肉入りは豚玉と書くべきだが、尾道市では豚肉なのに肉玉と呼んでいる。大阪お好み焼のメニュー表記をそのまま導入したので、非常にわかりにくく、ややこしいことになってしまっているのだ。

海沿いの尾道市土堂「井上」で面白い話を聞いた。

創業は昭和62年(1987)で、最初は混ぜ焼きのお好み焼を出そうとしていた。しかし、商店街の旦那衆がやってきて「私らは昔ながらの尾道のお好み焼じゃないと食べない」と言われ、今の焼き方に切り替えたとのこと。

「ほら、これ混ぜ焼き用のカップまで用意してたのよ」と見せてくれた。ここのお好み焼はミックスしかなく、デフォルトで豚肉だけでなく生のイカとエビが入る。それでも500円と超安価。生の海鮮を入れてこの値段で出している店は広島県中探しても他にはないだろう。

商店街そばの小路沿いにある尾道市土堂「いけだ」も、まだ年数は経っていないが、極めて尾道らしいお好み焼を出している。店主は尾道市久保「村上」の常連客で、昔からお好み焼店をやりたかったとのこと。店では観光客にわかりやすく、砂ズリとイカ天入りを尾道焼とキャッチーに書いてあり、砂ズリもよいものを使われているが、店主の想いは別のところにある。自分が子どものころに食べていたお好み焼には生アサリ（アケミ）や生タコが入っていたので、その昔の味を目指しているのだ。

全て地元の海鮮を使い、エビは自分で殻を剥くし、季節によってイカの種類が変わっても地元産以外は使わないという徹底ぶり。

僕が尾道のお好み焼で最も好きな、アケミ入りがここにはある。茹でたアサリの身ではなく、生のまま殻を外したアサリを使うのだ。アケミは味が抜けていないため旨味が濃い。ただ、昔は海から湧くように獲れていたアサリが、海砂採取の影響で全く獲れなくなってしまった。そのため現在、アケミを扱う店は数えるほどしかない。

尾道市吉和西元町にある昭和53年（1978）創業の「やまもと」も「昔はアケミも入れてたけれど獲れなくなったんよ。剥く人も吉和にはいたのにねぇ」と残念そうだった。

砂ズリのオプションはここにもあって「アケミは開店のときからあったけど、砂ズリはなかったんよ。何か街のほうで食べた人がよかったと教えてくれたからメニューに入れたのよ」と言われた。

ここの焼き方は生地、魚粉、少なめのキャベツ、麺2分の1、多めのキャベツ、モヤシ、天カス、細切れバラ肉の順に積み上げてひっくり返す。キャベツを2度に分けて加えるところが独特だが、老舗にしてはモヤシが入るのが珍しく、広島オールドスタイルの変形っぽい。

店主曰く「昔は店の前の通りが商店街で、日用品は全てそろえられるだけの店があったのよ。お好み焼もたくさんあったから私はそれを子どものころから見て覚えたの。これが吉和の昔ながらの焼き方よ」とのこと。

そうなのか？　と思って裏取りしようと近所の老舗を調べた。

尾道市沖側町に昭和35〜36年（1960〜1961）創業の「安原」があったが、何度訪れても開いておらず、長期休業または閉店しているようだった。ネット上にもどのように焼いていたのか、情報がない。

さらに範囲を広げて調べると、吉和漁港の中に店があった。尾道市正徳町「やまもと」だ。元々は父親がうどん店をやっていたが、二代目のオバがお好み焼店に転業し、自分の代で30年。創業年は不明とのことだった。

ここの焼き方が生地、魚粉、麺2分の1、キャベツ、紅生姜、天カス、豚背ロースの薄切りをびっしり並べてひっくり返す。玉子は半熟とよく焼きのどちらがよいか訊いてくれた。麺が2分の1だったり、モヤシが入らなかったりと尾道らしさはあるものの、焼き方そのものは広島オールドスタイルだったのだ。

店主に話を訊くと「吉和は昔からこういう焼き方よ！」とのこと。オプションはイカ天と砂ズリと生イカのみ。生イカは吉和漁港に揚がったイカをホームフリージングしたものをたっぷり入れてくれて旨かったが、漁港だからか、店主も常連も魚には飽きているらしく「やっぱり肉が旨いじゃろ?」と言われた。

どうやら、三原市と尾道市街地との間にある尾道市吉和町地域が、一銭洋食由来の広島オールドスタイルを守り続けていて、ここが緩衝地帯になって三原市街地と尾道市街地で、それぞれ独特のお好み焼文化を守ることができたようだ。

三原市の焼き方は、その先端が広島市まで届き、強い影響力があったけれど、尾道市街地の焼き方は、周囲の地域に伝播していないのか。

食べてすぐに気付いたが、府中市のお好み焼と酷似しているのだ。府中市のお好み焼はミンチ肉を入れるのが特徴なので、古くは生海鮮、近年では砂ズリを入れる尾道市とは違うと思われるかもしれない。

しかし、何度も述べたように、オプションは本質ではない。どう焼くのかが重要なのだ。

府中市のお好み焼は、生地、キャベツ、麺、ミンチ肉でひっくり返して焼き、鉄板に玉子を割り落として本体を重ね、再びひっくり返してお好みソースを塗ったもの。麺は2分の1玉ではなく1玉使うが、ミンチ肉の部分を細切り豚肉や海鮮に代えれば、尾道市街地の焼き方と同じなのだ。

さらに、呼び名も似ている。

尾道市が肉玉と呼ぶのに対して、府中市はそば肉玉である。広島市では肉玉そばと呼ぶのに、なぜ府中市は逆なのだろう？　と積年の謎だったが、尾道市の呼び名が伝わったのであれば理解できる。

肉玉だけでは、麺を入れるのか入れないのか、入れるのであれば中華麺なのかうどんなのか、説明不十分なため、頭にそば、うどんと付けてわかりやすくしたのではないか。実際、府中市でも老舗では尾道市と同じ、肉玉と呼んでいる店があった。

そうであるならば、府中市に尾道市とのつながりを示す何かが残っていないか、最初にミンチ肉を入れた店、昭和36年（1961）創業の「古川食堂」に向かった。この店には30年も前から何度も訪れている。

僕は近所の高校に通学していて、道路を隔てた路地にあった時代の常連だった。

そのときの店主は店に出ておられなくて、息子さんの奥様が継いでおられた。あれ？初代のおばちゃんは？　と訊くと「もう90歳を越えているから店には滅多に出ないのよ」と言われた。

以前、RSK山陽放送でインタビューした際、ミンチ肉を入れたのは昭和36年（1961）頃で、理由は「安いから」と教えてもらった。僕が小学生のころ、我が家もそうだが、どこの家庭も貧しくて、お好み焼が唯一の外食というのは普通だった。安いことはとても重要だったのだ。

この焼き方は誰に習ったのと二代目の店主に訊くと「田辺医院とか映画館があったところに「ありた」って店があってね。そこの有田さんが教えて回ったのよ」と教えてくれた。今は田辺医院も映画館もないが、府中市で育った僕にはわかる。

JR府中駅から西に延びる道路が、かつての府中市のメインストリートで、そこから左手に少し入った場所だ。バスセンターもその近くにあったし、今でも古い町並みが残っている。親戚がすぐ近くで「戸田ヤス子お好み店」を営んでいた。

その有田さんって尾道の人じゃなかった？　と訊いたが「いや、そんな話は知らないわねぇ。有田さんだから地元じゃない？」と言われた。そう、有田という姓は府中市と尾道市に多いのだ。

「ありた」はとっくに閉店しているので、それ以上確認することはできなかった。

次は「古川食堂」よりも古い昭和33年（1958）創業の「平の家」だ。この店も昔から知っている。今とは別の場所、出口川沿いの小さな店でおばあちゃんが焼いていた。平成10年（1998）に僕が快食.comに書いていたレビューを再掲する。

電話帳にも掲載されていないが、お好み焼ノスタルジーに浸るには最高の店だ。

店は川沿いにあり、近所の高校生がよく訪れる。ドアは道に向かって開け放たれ、おじいちゃんとおばあちゃんが二人で切り盛りする。いつもぼやいている働き者のおばあちゃんは71歳、ろくに手伝わず、酒を飲みながら客とお喋りばかりしているおじいちゃんは70

歳。おばあちゃんは「あたしゃ二十歳で結婚したけど、亭主が道楽者で、稼ぎが悪いから仕方なくこの店を始めたのよ」とか言いつつ「ウチのお好みはね、アタシが焼かないと美味しくないの、嫁に焼かしたらダメなのよ」と嬉しそうだ。

初めての客に対しても、家族のように接し、連れが麺なしを頼もうとしたら「ええんな？　本当にええんな？　野菜だけじゃったらお腹空くで、美味しいんじゃけぇたくさん食べんさい」と真顔で言う。

あまり商売には興味がないようで、たまたま宴会していたおじさんたちが「あ～よう飲んだのう、いくらかの……ビール9本じゃ！　じいさん勘定！」と言うと、おじいちゃんは計算もせずに「5000円じゃ」と答える。

「ホンマに計算しとるんかの～、お？　ビール10本じゃった！　いくらじゃ？」

「5000円じゃ」「ほんまええ加減じゃの～」という具合なのだ。

営業時間もあってないようなもので、時間外でも知り合いが来ればやるし、嫌な客なら「もう休憩じゃ！」と言う。

余りものは近所の野良猫や野良犬たちが食べに来るので、店の前に置いてある。

お好み焼は、生地、魚粉、蒸し麺、ミンチ肉、キャベツ、天カスと重ねて、ひっくり返して焼く。それを元に戻して、玉子を貼り付けるのだろうと思っていたら、ここからが変わっている。

まだ玉子を貼り付けていないのに、ソースを塗るのだ。僕は「おばあちゃん玉子忘れた?」と焦ったけれど、ソースの上から玉子をかけるのがこの店のスタイル。

「これ、あたしが考えたの! あたしの特許じゃ!」と得意げに語ってくれた。

なるほど、適度に半熟状になった玉子がとても旨い。ちなみにお好み焼に大中小とあるが、これはそのままそば3玉、2玉、1玉のことなので、普通は小で十分だ。

当時、これをウェブサイトに掲載していたら、おばあちゃんに随分気に入っていただけたようで、訪れた人から「ウチはインターネットにも出とるんじゃ! と自慢されていましたよ」とメールをたくさんいただいた。

焼き方は尾道市や府中市とは違っていて、広島オールドスタイルのように見えるが、肉とキャベツの位置が逆転している。この店以外では見たことがない焼き方だった。最後の生玉子かけも含めて、有田さんの教えではなく、初代が独白に編み出したものなのだろう。

息子さんが継がれた現在の店では、広島オールドスタイルで焼かれていて、特徴的な生玉子かけも行われている。サイズの大中小は2玉、1・5玉、1玉に変わっているが、3玉も注文可能のようだ。

「平の家」からも尾道市との関わりは見つからないか……と平成10年の資料を見直していて、品書きに目がとまった。

小450円、中550円、大650円、お好みスペシャル（イカ、エビ、アサリ）650円、ネギ焼200円、焼そば450円と記録している。

お好みスペシャルがイカ、エビ、アサリ入りなのだ。今では府中市でも海鮮入りのお好み焼を出す店が増えた。「古川食堂」にも昔はなかったイカとエビが用意されている。しかし、伝統的な府中市のお好み焼に海鮮は入らない。

イカ天のオプションすらないのが伝統で、老舗では今もイカ天は用意されていない。オプションを増やせば客単価が上がるというのは現代の感覚。安く出せるよう知恵を絞ってミンチ肉を使う技を生み出したのに、海鮮を入れて値段を上げるなんて、府中市のお好み焼の根幹を覆す暴挙なのだ。

僕のお好み焼体験のルーツは昭和48年（1973）創業、府中市鵜飼町「ひがし」で、残念ながら平成28年（2016）8月に閉店したが、品書きは極めてシンプルだった。お好み焼と焼そば共通で、肉420円、玉子420円、肉玉450円、ダブル＋100円。尾道市と同じ肉玉という呼び名が使われており、イカ天も海鮮もなかった。

府中市の昔ながらのお好み焼店はそれが普通だった。それなのに「平の家」には海鮮入りがあった。

僕は当時、お好み焼に海鮮を入れるなんて思いもしなかったので「平の家」でも食べていない。現在もスペシャルは残されていたので食べてみた。焼いてくれたのは初代の息子さんの奥様、つまりおばあちゃんが僕に向かって「嫁に焼かせたらダメなのよ」と言った、その嫁にあたる人だ。

そのときの話をすると「そりゃ何十年も焼いた人にはかなわないわよ」と苦笑いされた。当時からスペシャルってあったよねと話をしたが、そうだったかしら？　と記憶が曖昧なようだった。やはり頼む人がいなかったのだろう。

初めて頼んだスペシャルにはイカ、エビ、アサリがたっぷり入っていたが冷凍だった。初代の出身を訊くと鞆の浦とのこと。尾道市ではなかったが、鞆の浦でも昔から海鮮を入れる習慣があるのでその影響だろう。なるほど、この店の焼き方が有田さんが伝えたものと異なるのは、鞆の浦の焼き方だったのだ。

鞆の浦の老舗「たまい」も広島オールドスタイルで、周囲にたくさんあった店は全部、同じ焼き方だったと言われていた。

初代の焼き方は広島オールドスタイルの変形だったが、現在は、生地、魚粉、蒸し麺、キャベツ、天カス、ミンチ肉、冷凍のイカ・エビ・アサリの正統な広島オールドスタイルになっている。

案外、僕が平成10年（1998）に食べた際、記録ミスをしたのかもしれない。この辺りは今となっては確認ができない。

ちなみに、初代は嫁に焼かせたらダメだと言っていたが、旨さは今のほうが上だ。最大の違いはミンチが和牛になったこと。和牛の脂には和牛香という独特の風味があり、お好み焼全体がコクのあるよい香りに包まれる。

そこへ生かけにした玉子のコクがプラスされると、独特の旨さになるのだ。初代のときは、玉子も上からかけて流れ落ちるがままだったが、今は半熟状態でお好み焼の上に戻してくれる。

ちなみに「平の家」には福山市にも支店があり、娘さんがやっておられる。以前はスペシャルにアサリが入っていなかったが、最近になって入れるようになった。子どものころ、鞆の浦で海鮮入りのお好み焼を食べて育った初代は、頼む人がいなくても海鮮入りを外せなかったのだろう。

なお、府中市のお好み焼について、誤解されていることがあるので書いておく。

広島市に進出した「としのや」が、府中市のお好み焼は麺がパリパリと言っているので、そういうものだと考えている人が多いようで、インターネットのレビューサイトを読むと、本場の府中市で食べたが麺がパリパリではないため、本物ではないという書き込みがあった。

僕は「としのや」が五日市のコイン通りに一号店を開店したばかりのころ、現在「だいまる」の店主をやっている粟根大助さんが店主だったときに訪れた。

やはり「府中市のお好み焼は麺がパリパリなんですよ」と言うから、知らないと思って適当なことを言うのは良くない、それは「さち」の特徴であって、他はそんなことないと応えた。

現在も人気店の府中市府中町「さち」は昔から麺をパリパリに仕上げていて「としのや」はそのオマージュなのだ。

彼は「え？『さち』をご存じなんですか？　え？　府中市出身？　すんません、ご指摘のとおりです」と苦笑いしてみせた。

現在の府中市では、対外的にそう言っているから、外はカリッとしていなくてはならないと考えたのか、客のニーズに応じたのか、麺をパリパリに焼く店が増えた。

しかし前述の「古川食堂」も昔は今のように麺をパリッとは焼いていなかった。

差別化を図るためとはいえ、僕の知っている昔の焼き方が消えてしまうのは寂しく感じる。

「ひがし」に閉店の3カ月前に訪れたが、麺は全くパリパリではない、僕が子どものころに食べていたお好み焼そのままだった。

現在、福山市屈指の人気店になっている福山市南蔵王町「吉甲」も、まだ新市町の本店しかないときに時々食べていたが、麺パリパリではなかった。

この店のお好み焼も府中市の焼き方である。

広島市においても、麺をパリパリに焼くようになったのは近年だ。もしかすると「としのや」の影響を受けたのかもしれない。そうであるならば、麺パリパリのルーツは、「さち」であると言えるのかもしれない。

ここは生地、キャベツ、麺、ミンチ肉の順で積み、その上から溶き玉子をかけて、ひっくり返す。玉子が麺の隙間に入り込み、麺と玉子をミンチ肉の溶けた油で揚げるように仕上げるため、パリパリだけでなくサクサク感がある。玉子と小麦粉が一体化した状態で揚げ焼きするため、スナック菓子のような旨さになる。

これはこの店だけの特徴だ。

結局、尾道市と府中市の明確なつながりは確認できなかったが、府中市は尾道市のすぐ北にあること、焼き方が酷似していること、伝統的な表記が同じであることから、それぞれ備後尾道スタイル、備後府中スタイルと呼ぶことにした。

ここまで広島県内には、

・広島スタンダードスタイル
・広島オールドスタイル
・焼そば呉スタイル
・焼そば三原スタイル

・備後尾道スタイル
・備後府中スタイル

という6類型の焼き方があることがわかった。

ルーツ的に述べると、広島オールドスタイルから広島スタンダードスタイルが生まれ、焼そば三原スタイルからは焼そば呉スタイルが生まれた。備後府中スタイルのルーツは、備後尾道スタイルと推測される。

ところがこのなかには、広島市に次ぐ規模の街、中核市の福山市が抜けている。福山市のお好み焼は、これら6類型とは全く異なっているのだ。

僕のお好み焼原体験は府中市と書いたが、高校生になると福山市を訪れるようになっていた。当時は福山駅前に商業施設が集積していて、周辺地域の人たちが家電や洋服を調達していた。あるとき、福山駅前でお好み焼を食べると混ぜ焼きが出てきたのだ。

子どものころから東洋観光グループ「徳川」のCMを観ているので、そういうお好み焼があることは知っていた。当時はインターネットもお好み焼情報もなく、これが都会のお好み焼なのか思った。何だか粉っぽいというか、中まで焼けていないような感じで、高校生にはボリュームも足りなくて、福山市ではお好み焼を食べなくなった。お好み焼を食べるなら府中市と考えたのだ。

現在の福山市では、広島スタンダードスタイルのお好み焼が一般的になっている。

しかし、歴史的にはどうなのか。老舗を調べてみなくてはと思い、友人の伝手《つて》をたどると「スペイン食堂」のとくちゃんが詳しいと教えてもらった。

僕は「スペイン食堂」の小川達弘さんが以前やっていた「ジェイズバー」をよく訪れていて、そのころからの知り合いだった。

彼女から福山市のお好み焼事情を教えてもらい、福山市三之丸町「小林」を訪れた。福山駅の近くなのに、福山市のお好み焼によい思い出がない僕は来たことがなかった。

麺を入れないのがウチのお好み焼と言われたので、肉玉子入りをお願いすると、小さなボウルに具材が全部入って出てきた。やはり混ぜ焼きだ。それをフォークでグルグル混ぜる。

フォークで混ぜるのは珍しいねと言うと「そうかしら？　スプーンより混ぜやすいのよ」とのこと。焼き上がると「ソースは甘いのがいい？　辛いのがいい？」と訊かれる。甘いのは福王ソース、辛いのはカープソースのお好みソースとウスターソースのブレンドのようだ。

僕はせっかくなので福山市の地ソースである、福王ソースをお願いした。創業年を訊くと昭和27年（1952）と県内屈指の老舗ではないか。今の店主は二代目で、初代はお母様。誰かに習ったのか訊いてみたが「自己流じゃないかしら？　習おうにも周囲にお好み焼の店はない時代だから」と言われた。

今では麺を入れることもできるが「ここ十数年よ。元々は入れてなかったけれど、入れてほしいという人が増えたからね」と、やや不本意そうだった。麺が入らないと納得できない人が多いのだろう。焼そばには竹輪と蒲鉾が入るなど、肉が高かった時代の工夫が今も残されている。

話を伺うと、以前は王将ソースを使っていたことがわかった。

福山市港町辺りで製造していて、平成10年前後に廃業した地ソースメーカーだ。

昭和45年（1970）から15年くらいはお好み焼店はどこも人気で、特に歴史があり、好立地のこの店は行列が絶えなかった。

後発の店から「『小林』の王将ソースだけ特別製だと言う人がいて、だったら交換してあげるわと言い返したりして、大変だったわよ」と言われていたので、人気のほどが伺える。

話を訊いていて、この店が福山市のお好み焼文化の中心ではないかと感じた。

福山駅周辺の老舗は「小林」以外、福山市西町「みちぐさ」、福山市船町「さんが」、福山市吉津町「さとう」の3店だが、どの店も混ぜ焼きでタネを混ぜるのにフォークを使うのだ。

昭和39年（1964）創業の「みちぐさ」で話を訊くと「誰にも習っとりゃせんよ。家の炊事ができりゃ誰でもできる。お好み焼の店はたくさんあったし、よう食べに行っとったからね。フォークで混ぜるのは……なんでかね？　スプーンよりみやすい（やりやすい）から？」と言われた。

もはやなぜフォークで混ぜるのか、ご自身でも覚えておられなかった。この店でも基本は麺なしだが「大昔じゃが、広島から転勤して来た人が入れてくれと言うので、戸惑いながら入れたのを覚えとる。ウチは入れんほうがおいしいと思うけどね」と言われた。

また、ここは肉は全て牛肉を使う。

確認すると「牛肉のほうが香りがええじゃろ？　最初から牛肉よ」とのこと。東京時代の肉天は牛肉だったので、今でも混ぜ焼きの肉玉は牛肉入りを指し、豚肉の場合は豚玉と呼ぶ。肉天時代の伝統を引き継いでるのか？　と感じた。

「みちぐさ」と同じ昭和39年（1964）創業の「さんが」は「元々は母親が飲み屋をやってたんじゃがワシがお好み焼に代えさせたんよ」と大将。お母様はどこかで習ったんかね？　と訊くと「一度、岡山のほうに食べに行っただけで習ってはいないと思うよ」とのことだった。ここのお好み焼は混ぜ焼きなのに超エアリーで、キャベツが大量に入っている。

つなぎの量が限界まで少なくしてあるので、切り分けるというよりも、端からほぐすような感じで食べる。こういう混ぜ焼きを焼く店が福山市内にいくつかあり、その元祖は「さんが」だととくちゃんに教えてもらった。

ちなみにここの肉は豚肉が基本で、鶏肉入りはあるけれど牛肉入りはない。麺を入れることができるのも「小林」や「みちぐさ」と同じだ。


もう一軒は福山市吉津町「さとう」だ。

二代目が継いでいるため、創業年ははっきりしないが平成30年（2018）時点で55年くらいと言われたので、昭和38年（1963）ということになる。店頭には看板すら出ていないので、オタフクソースの暖簾がなければ民家にしか見えない。

フォークで混ぜる理由を訊くと「さぁ、なんでかねぇ。ウチは昔からなんじゃけど、ヨソはなにで混ぜるの」と訊かれたので縦長の細いスプーンだよと応えた。

ここのお好み焼は麺入りに普通と大サイズの2種類があるので、どう違うのか訊いてみると「普通のは麺が半分、大は一つ入るのよ」と言われた。これは尾道市の影響だろう。店主は二代目なのでその辺りのことはわからないようだった。僕は麺が入らないミックスを頼んだが「ウチは麺を入れての人が多いよ」と言われた。

仕上げのお好みソースを塗る前にウスターソースを塗って、それからお好みソースを塗る辺りも「小林」の影響を受けているように感じた。

平成6年(1994)創業と新しい店だが福山市御船町「すず」も混ぜ焼きで、フォークを使ってタネを混ぜる。店主は生真面目な雰囲気で「子どものころからこういうお好み焼を食べていたので……。焼き方は……独学です……」とのこと。自信なさそうな感じで焼かれていたが、味はとても旨かった。福山駅前の昔ながらの混ぜ焼きの店ではおすすめの一店だ。

福山駅周辺でなくても、周辺地域に老舗はないかと調べて、やっと昭和34年(1959)創業の老舗を見つけた。福山市神辺町、JR神辺駅前「塩出商店」だ。

店主に話を訊くと「ウチは最初から混ぜ焼きよ。店を始めたころは周りにお好み焼の店なんかなかったから、本を読んで勉強したんじゃ」とのこと。

昔から駄菓子やタバコを売っていて、今で言えばコンビニのような業態だった。コンビニの店内で唐揚げやおでんを売るように、お好み焼を売っていたのだ。ここはタネを混ぜるのにフォークかスプーンか、奥の台所で作業されていたので確認できなかった。


もう一軒、福山市桜馬場町の路地に昭和46年（1971）創業の老舗「小林」がある。見つけたときは営業しているのかな？　と少し不安だったが、昼時に訪れると暖簾が下がっていた。切り盛りするのはおばあちゃん一人。

店内には近所の高校生の写真がたくさん貼られていて、部活帰りに食べに来ていることが伺えた。そのためか、お好み焼の値段は飛び抜けて安い。

肉玉そば入りでも350円である。僕は肉玉入りを頼んだが、それも同じ350円。そばが入っても入らなくても同じ値段なの？　と訊くと「そば入りは麺が半分入るけど、タネが少なくなるんよ」と言われた。

ここも「さとう」と同じ麺2分の1という使い方をしていた。

どこで習ったのか訊くと「自己流よ。お好み焼はみやすいよ（やさしいよ）」と言われた。

生地、玉子、モヤシ、ザク切りのキャベツを混ぜて鉄板に置き、その上に細切り豚肉、天カス、青ネギを重ねて、カップに残った生地をかけてひっくり返す。

混ぜ焼きなのにモヤシが入るし、キャベツが焼そばに使うようなザク切りなのは珍しい。どこにも似ていないので、確かに自己流なのだろう。

福山市のお好み焼は昔から混ぜ焼きなの？　と訊くと「うん、そうだね」と答えてくれた。


また、福山市の南端に近い港町、鞆の浦のお好み焼は少し違っている。現存する店が5店しかなく、老舗は「のむら」と「たまい」の2店のみ。

「のむら」は入口で駄菓子を売る一銭洋食時代の形態を保っており、創業100年を超える老舗とのこと。

「たまい」は看板も品書きもない隠れ家店で、ネット上にもほとんど情報がないけれど、現店主の祖母が始めた店で、少なくとも創業60年以上は経っているとのことだった。

「のむら」の焼き方は混ぜ焼きで、表記は肉玉、イカ玉。尾道市の表記かと思ったら、肉玉は牛肉入りで、豚肉入りは豚玉と書くので、尾道ではなく大阪の表記だった。

豚玉の麺入りは、生地、キャベツ、ニンジン、コンニャク、魚のすり身揚げを混ぜて焼き、上面にバラ肉を並べ、その上に蒸し麺を置き、ひっくり返す。麺の側に玉子を貼り付け、ソース、鰹節、青海苔、紅生姜で仕上げる。ニンジンやコンニャクが入るのも大きな特徴で、老舗で時々見かける具材だ。

また地元の人はお好み焼のことを洋食と呼んでいた。

僕は亡くなられた先代が焼いておられたときに訪れたが、ご高齢すぎて歴史的な話は訊けなかった。

地元の人が創業100年と言われていて、当時を基準にしても大正5年（1916）である。そのころからお好み焼（一銭洋食）を提供していたのであれば、我が国に現存する最古のお好み焼店になる。文化財級の店ということになるが、長い歴史を持つ飲食店は転業しているケースが多い。

もしかしたら途中からお好み焼を出し始めたのかもしれない。現在は代替わりされ、週末に限って営業しているようなので、次に訪れる際は確認してみたい。

「たまい」の焼き方は広島オールドスタイル。

生地、蒸し麺、キャベツ、魚のすり身揚げ、青ネギ、天カス、バラ肉、つなぎの生地でひっくり返す。肉の側に玉子を貼り付け、ソース、青海苔、紅生姜で仕上げる。

両店の焼き方は全く異るが、魚のすり身揚げが入ること、紅生姜を使うこと、モヤシが入らないことは共通。

「たまい」の店主に訊くと「私が子どものころ、この通りには7軒もお好み焼店があったのよ～。私らは洋食って呼んでたね～」とのこと。焼き方は祖母の時代から変わっていないとのことなので、やはり一銭洋食の直系だ。

福山市においても、少なくとも鞆の浦の一部の地域では、広島オールドスタイルのお好み焼が食べられていたことがわかった。

また「魚のすり身揚げを入れるのが鞆の特徴なのよ。どこの店でも入れてたわ〜」と言われたので「のむら」がそうであるように、魚のすり身揚げが鞆の浦の特徴だったようだ。

さらに「たまい」も「のむら」も地元産のエビ入りがオプションとして用意されていた。これは尾道市と同じ。尾道も鞆の浦も漁師町なので、一銭洋食時代からの伝統と思われる。


福山市のお好み焼は多様であり、混ぜ焼きという共通点はあるものの、決まった型のようなものは見つけられなかった。あるとすれば「小林」(三之丸町)由来と思われるフォークで混ぜる流儀、「さんが」に影響されたキャベツたっぷり生地少なめの流儀くらいだろうか。


どちらにしても戦後がルーツだ。本質的には大阪市の混ぜ焼きと同じであり、「小林」(三之丸町)の初代が東京都か大阪市で見かけたお好み焼を持ち込んだと考えるべきだろうが、そもそも福山駅周辺には鞆の浦のような一銭洋食が食べられていなかったのか。

街が大きく発展したのは日本鋼管(現ＪＦＥスチール)の進出以降だが、城下町で鉄道も通っていた大きな街なので、一銭洋食が全く広まっていなかったとは考えられない。

なぜ福山の城下町だけ一銭洋食が滅び、混ぜ焼きが広まったのか解明できていないが、便宜的に福山混ぜ焼きスタイルと名付ける。

混ぜ焼きなのにデート料理として使われなかったのは、「小林」（三之丸町）の初代がそうしなかっただけなのか。福山市の混ぜ焼きはまだまだ謎が多い。

だが現在、福山市の新店は、広島スタンダードスタイルばかりで、伝統的に混ぜ焼きの地域ということすら忘れられつつある。それもまた歴史の流れなのだろうが、事実として書き残しておく。

CHAPTER 5

なぜお好み焼が広島名物になったのか

ここまでに広島市から福山市まで、沿岸部のお好み焼について説明した。しかし、その他の地域に特色はないのか。なかでも県北に何かないかと思って調べたが、大きな特徴は見つけられなかった。

そもそも山陽鉄道沿いに伝わった料理というのもあるが、お好み焼文化が育つためには要件がある。一銭洋食は子ども相手の商売なので、小遣いを持っている子どもがいないと商売にならないのだ。

街の子どもは親が現金収入を得ているので、お小遣いをもらう子どももいたが、農村の子どもは小遣いそのものがほとんどなかった。そのため屋台を出しても商売にならなかったのだろう。僕の両親は県北出身で、一銭洋食は食べたことがないと述べている。

戦後には大きな産業を有する街にお好み焼店が増えた。父親だけでなく母親も仕事に出ているので、帰宅して子どもの食事を作る時間や体力がないときの安価な外食としてお好み焼が使われるからだ。

僕が子どものころに通っていた府中市鵜飼町「ひがし」へ、閉店する3カ月前に訪れたが、そのとき「アンタのとこはお父さんおらんかったよね？」と言われた。40年近く前なので、他人と勘違いしているのかな？　と思ったけれど、そういえば確かに父とお好み焼を食べに来た記憶がない。いつも母や妹と一緒だったので、店主もそう勘違いしていたのだ。

女性もパートに出て働くような、産業集積がある地域でなければ、お好み焼という庶民の外食産業は発達しなかったのだろう。

県北の主な産業は農業なので、外食産業が生まれにくかったと考えられる。商業集積地である三次市や庄原市の中心部には古いお好み焼店もあるが、固有の文化圏を形成するほどの軒数には至らなかったようだ。

しかし、意外な場所に面白いお好み焼文化があった。尾道市因島である。

尾道市と合併する前は独立した市で、その中心は因島市土生町だった。現在の地名は尾道市因島土生町、造船の街だ。交通の便が良くないこともあり、土生商店街には懐に余裕がある造船マンが通う老舗がいくつもある。
独特の文化は、ある程度隔絶された場所に生まれやすいので、因島はその条件にハマったのだ。

因島のお好み焼を通称「いんおこ」と呼ぶ。これは地元の会社、三和ドックが発行した「アイ・ジェイ因島ジャパン」の鉄板号NO.2(平成22年8月)で「いんおこ巡礼」として取り上げたのが初出と思われる。紙媒体の入手は困難だろうが、インターネットで読むことができる。
https://www.sanwadock.co.jp/library/index.html

僕もこれを基に調査を行った。かなり昔だが、因島出身の東ちづるさんが「因島のお好み焼にはコンニャクが入る」とテレビ番組で言われ、話題になったことがある。その辺りも含めて調査した。

結論から書くと、コンニャクは入れる店があるという程度で、最大の特徴はほとんどの客がうどん入りを頼むこと。約8割がうどん入りを選ぶのだ。その他の地域はそば（中華麺）が8割なので逆転している。

焼き方は広島オールドスタイルが主流だが、それ以外も散見される。麺をウスターソースで味付けし、モヤシは入れない。お好みソースのシェアは圧倒的にミツワソース。通常は麺を1玉使うが、ほとんどの店で2分の1が選べる。由来は不明だが、焼うどんをバラ焼と呼ぶ。

うどんが人気なのは、そばよりもボリュームがあるからだと複数の店で言われた。造船マンは身体を使うからお腹が空くので、ボリュームがあるうどんが選ばれるようになったというのだ。確かに麺の重量はうどんが上だろう。

麺をウスターソースで味付けするのは三原市をルーツとする焼そばスタイルの特徴だが、

焼そば三原スタイルで提供する店は見つけられなかった。

しかし「越智」と「ニューさが」では本物ののしイカが入る。三原市のようにイカ天をのしイカと呼んでいるのではなく、スルメを伸したものだ。

もしかしたら、三原市でまだ本物ののしイカを入れていた時代に伝わったのだろうか？と思って確認したが由来はわからなかった。

お好み焼にリアルのしイカが入るのは、僕の知る限り広島県内でこの2店のみだ。さらに、麺2分の1が選べるのは尾道市の影響と思われる。


コンニャクは「仲よし」と「ニューさが」ではデフォルトで入るし、「大出たばこ店」ではオプションで選べるが、それ以外では見つからなかった。

既に閉店しているが、知らない人はいないほどの大人気店だった「みその」が入れていたので、その影響のようだ。東ちづるさんは、この店のことを指したものと思われる。

店の場所はひろぎんウツミ屋証券因島支店の北側だったようで、現在は駐車場になっている。昔のお好み焼店では、おでんを仕込んでいることが多く、お好み焼が焼き上がるのを待てない客は、おでんを食べて待った。そのおでんのなかに入っていたコンニャクを刻んで入れていたのだ。

その伝統を守る前述の3店では、ちゃんと煮て味付けしたものを入れてくれる。昔はその他の地域でもコンニャクを入れることがあったようだが、今でも残っているのは因島のみだ。


また、お好み焼の表記方法に一貫性がない。

「うえだ」は麺入りだとお好み焼きうどん入り、麺なしはお好み焼き野菜のみと呼ぶオリジナル。

「米ちゃん」はお好み焼とモダン焼があり三原市の表記かと思ったら、どちらも麺入りと麺なしを選ぶことができて、お好み焼は重ね焼き、モダン焼は混ぜ焼きとのこと。

「越智」はお好み肉玉で、麺の種類や有無は記載がなく、尾道市の表記に近い。

「ニューさが」はうどん入肉玉、野サイ肉玉と府中市の表記に近い。

「仲よし」はお好み焼1玉が麺入り、モダン焼は混ぜ焼きで麺が入らない。

「珠里庵」は麺入りだとお好み焼うどん、麺なしは野菜焼き。

老舗を確認したにも関わらず、これほど表記がバラバラな地域は珍しい。

表記方法がバラバラということは、まだスタイルとして完全に確立していないという証左でもあるが、典型的な焼き方は次のとおり。うどんを鉄板に出し、ウスターソースをかけて炒める。生地、魚粉、うどん、キャベツ、豚肉、店によっては煮て細かく切ったコンニャクの順に積み重ねて、ひっくり返す。程よく焼けたら鉄板に玉子を割り落とし、黄身を潰して本体を重ね、再びひっくり返してミツワーソースを塗る。モヤシは使わない。麺は2分の1で注文することができる。

最も古い時代から幅広い地域で焼かれていた広島オールドスタイルをベースにして、三原市、尾道市の焼き方が混ざり、独自のアレンジが加わって生まれたと考えられる。

僕はいんおこと呼ばれるこのお好み焼を、因島オールドスタイルと名付けた。

因島オールドスタイルは島の南側のみで、北隣の島、向島は備後尾道スタイルだった。

因島の西隣にある生口島の一部は旧因島市だった影響か、因島オールドスタイルの店があった。

ぼたん焼同様、島独自のお好み焼として大切にしてほしい。

広島お好み焼は現在、広島スタンダードスタイルが最も一般的だが、歴史的にはさまざまな焼き方があり、現在も伝わっていることを説明した。8類型を整理すると下のようになる。

広島県内のお好み焼は、福山市の混ぜ焼きを除き、東京発大阪経由の一銭洋食が発展したものだ。

しかし、なぜ広島県だけ、もっと言えば特に広島市でこれほどお好み焼が食べられるようになったのか。同じように肉天を身近な食べ物にしていた神戸市はなぜ広島ほどブレイクしなかったのか。歴史がある上、店の数も多い。ブレイクす

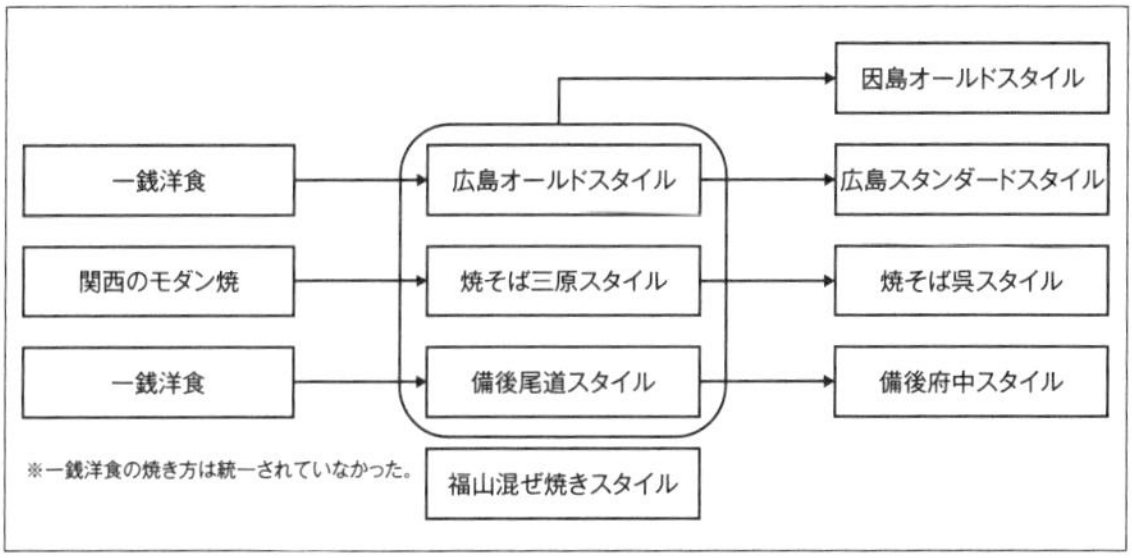

るポテンシャルは十分にあったはずだ。

県内でも、一銭洋食は海沿いで幅広く食べられていたのに、なぜ広島市だけがこれほど注目されるようになったのか。そのことについて考察しよう。

先に、お好み焼が広まるためには産業が必要と書いた。府中市のお好み焼は、家具生産などの木工業と繊維産業がベースにあった。

府中家具会館は昔のテレビCMでよく知られているが、「洋服の青山」も府中市発祥で、僕が昔、住んでいたアパートの近くに本社があった。

産業があると働き口があるので、裕福ではない家は共働きになる。夫はフルタイムで働き、妻はパートタイムで働く。

実際、僕の両親がそうだった。裕福ではないから外食は滅多にできないが、母は朝から仕事に出て、夕方に子どもを迎えに行き、近所の八百屋で買い物し、タイル張りの流し台を使って晩ご飯を作っていた。それが毎日なので、当然だけど買い物をして晩ご飯作るのが面倒な時がある。

そのときは決まって、お好み焼を食べに行くか、テークアウトした。お好み焼は野菜たっぷりで肉や玉子も入って栄養バランスが良く、母親は安心して子どもに食べさせることができた。味付けが甘いので、お好み焼が嫌いな子どもはいなかった。

さらに喧しい子どもを連れて食べに行っても、お好み焼店のおばちゃんは優しかった。満席だったらテークアウトにしたり、時間を改めて訪れたりした。

そして何よりも安かった。小学生のときの外食といえば、お好み焼に決まっていて、稀に近所の食堂でラーメンだった。

我が家だけが特別貧乏なのではなく、当時はどこもそんな感じだった。

では、原爆で壊滅した戦後の広島市にどんな産業があったのか。

戦前、戦中は軍都だったので、産業集積は高い地域だった。

しかし、戦後最大の産業は復興そのものだった。

昭和24年（1949）地方自治特別法により広島平和記念都市建設法が公布・施行、復興予算が確保されたので、建設工事が進み始めた。街が丸ごとなくなったのだから、道を作ったり、建物を作ったり、やるべきことはいくらでもある。

そして直後に朝鮮戦争による特需が起きた。

社会にお金が回り始め、広島市に行けば仕事があるという状態を生み出す。

そうやって日本中から仕事のない若者、特に男性が広島市にやってきた。


この状況は江戸時代の東京と似ている。例えば享保6年（1721）の男女比は2：1である。圧倒的に男余りの社会だった。独身男性は外食が多く、彼らが蕎麦、鮨、天ぷらの屋台を食べて支え、これらの業態が発展した。

ところが、戦後の広島市は食糧難の時代である。特に都市部には食べるものがなかった。

しかしアメリカの余剰小麦を、日本が買い取り国民に与えた。

昭和23年（1948）は64万トンだったが、翌年には179万トンと流通量が3倍に増えている。

そして、昭和25年（1950）には小学校の給食でパン（小麦）が提供されるようになった。

米の入手は難しくても、小麦は入手できるようになったのだ。

復興予算の確保、朝鮮戦争による特需、小麦粉による食料事情の改善が同時期に起こり、広島市へ働きに来た独身男性が外食できる料理が生まれた。

その一つがお好み焼だ。

新天地公園の屋台で晩ご飯にお好み焼を食べ、流川へ酒を飲みに行く。これが当時の典型的な使われ方だ。

また、お好み焼の屋台を出していた人たちも県外の人たちが多かった。広島市へ働きに来て、お好み焼を提供する仕事をしていたのだ。

このことは中国新聞「焼け跡からのお好み焼き」の「『資本いらぬ』花開く屋台、担い手は広島人ではなかった」に詳しく述べられている。

井畝満夫さんは広島市出身だったが、「善さん」の中村善二郎さんは故郷の福井市で喫茶店をしていて、妻の親戚から「商売なら広島に来んさい」と言われて移住した。

尾木さんは島根県出身だし、「ちいちゃん」の店主でお好み村の村長になる古田正三郎さんは愛媛県出身で「関東や関西からあぶれてきたような人、九州のヤクザっぽい人もおったね。とにかく、今では覚えとらんくらい、いろいろな人がおった」と答えている。

お好み焼を作る人も、食べる人も、地元の人よりむしろ、県外の人たちが支えていたのだ。

まとめると、広島市には戦前から一銭洋食というお好み焼の土台となる料理があった。戦後、入手できた小麦粉で、ありあわせの野菜と、肉代わりのかまぼこやちくわなどと一緒に焼き、大阪に倣ってお好み焼と呼び、繁華街で売った。

店をやるのは他県から来た人が多かった。

他県から仕事目当てで集まった独身男性が食べて支え、徐々にボリュームが増え、名物と化した。

つまり、お好み焼が広島市の名物になったのは、さまざまな要因が重なりあった「偶然」なのだ。一銭洋食が広まっていた大阪－広島間の鉄道沿いの街であれば、同様の状況が起きていたかもしれない。

ただ、広島市には原爆という惨禍と、復興というきっかけがあった。東京は昭和40年代までお好み焼が盛り上がったものの、高度成長期という要因で廃れてしまう。

地方都市の広島ではむしろ、昭和40～50年代にかけてが、お好み焼の最盛期になる。経済が伸びて仕事は忙しくなったが、生活は貧しいままなので、外食はお好み焼くらいしかできなかったのだ。

大阪では同じタイミングで旦那衆の資本が入り、企業化して東京進出を果たし、全国的な知名度を高めていった。

ユニークなのは神戸市で、戦後から一貫して盛り上がりもせず、しかし廃れもせず、淡々と現在まで最も古い姿で残り続けている。

東京、大阪、神戸、広島というお好み焼タウンが、それぞれの事情で変化したのだ。

なお、同じ時期に一般化した料理としてラーメンがある。ほとんどのご当地ラーメンは、戦後生まれで、広島県内であれば、広島ラーメンも、尾道ラーメンも同様だ。中華麺を使い、動物性のダシで食べさせるということ以外ほぼ自由だったので、日本中にさまざまなご当地ラーメンが生まれた。

実はお好み焼にもご当地的なものはあるが、ラーメンほど注目されていない。大阪府のかしみん焼、愛媛県松山市の三津浜焼、兵庫県高砂市のにくてん、福岡市「ふきや」グループ、熊本県ルーツの高専ダゴなどがそれに当たる。広島県内ですら、8種類もの焼き方があったのだから、県外も丁寧に探せばまだたくさんあるだろう。

そして、そういう地域に根付いた食文化こそ、ご当地グルメとしてふさわしいと僕は思う。発掘されることを待っているお好み焼文化は、きっとまだあるはずだ。

広島県内にはさまざまな焼き方があるが、福山市の混ぜ焼きを除けば、違いは全て麺の扱いである。言い方を変えると、麺が入らないお好み焼は全て同じなのだ。生地、野菜、肉ｏｒ海鮮、玉子。麺が入らないお好み焼はこの順に重ね焼きする。

昭和30年代までは玉子が高価で入れないのが普通なので、生地、野菜、肉ｏｒ海鮮になる。これが一銭洋食だ。

玉子が加わるようになり、麺をどのように扱って焼くかによって、さまざまな焼き方が生まれた。そのことはつまり、麺を入れることが増えた、戦後以降に、焼き方の違いが生まれたということだ。

戦前にも麺を入れるお好み焼はあっただろうが、それはレアなオプション。

大正時代のお好み焼屋台でも焼そばを出していた上、融通無碍《むげ》なパロディー料理なのだから、肉天を焼そばと合体させることもあっただろう。

実際、中華麺と挽肉を炒めて焼そばを作り、それをヘラで細かく刻んで生卵と混ぜ、鉄板で焼いて食べる、おかやきという料理もあった。

誰が最初にお好み焼（肉天）に中華麺を加えたか、という問いには誰も答えられない。お

まずキャベツの処理だが、刻む前でも後でも構わないので、冷水に浸して保水させる。この一手間でキャベツは一層旨くなる。キャベツがキシキシするまで浸水するのがポイントだ。

手順は通常通り、生地を引いて魚粉などを散らし、キャベツ、モヤシ、天カスや豚バラ肉を積んでいく。

それをひっくり返して焼くのだが、焼いている途中、肉がカリッと焼けた頃合いを見計らって生地をはずし、中の具材だけをもう一度ひっくり返すのだ。そして再び生地を被せる。そうすると、鉄板に触れている下から順に、キャベツ、モヤシ、バラ肉、生地になる。

これは「みっちゃん総本店」に伝わる裏技で、キャベツを両面から焼くことで、焼き時間を短縮させることができる。

それだけでなく、最終形では、下から順に生地、バラ肉、モヤシ、キャベツになる。

通常の焼き方だと、ふわふわのキャベツの上に硬いバラ肉と切れにくいモヤシがあり、形が崩れる要因になっていた。

しかし、これだとすぐ下に薄い生地があるだけで、硬い鉄板に当ててバラ肉とモヤシを切ることができる。

キャベツを確実に加熱し、焼き時間を短縮でき、しかも食べやすくなる。

この技は非常に重要だ。

次のポイントは、玉子を麺の上に貼り付けるのではなく、本体と麺の間に入れること。香ばしく焼いた麺の表面に玉子を貼りつけないので、麺の香ばしさを最大限、生かすことができる。

さらに玉子が表面に出ていないのでお好みソースが塗りやすく、刷毛に玉子が付着しない。玉子には麺が剥がれ落ちにくくするための、糊役を任せるのだが、程よい半熟にするための処理が技術的に難しい。

そのため、玉子をそのまま使うのではなく、とろとろのフランス式スクランブルエッグを作り、それを玉子の代わりに使うことを提案する。

湯煎で作るのは少し面倒だが、玉子は安価な食材だし、まとめて作ることが可能だ。これを使うと、全玉子なのに黄身だけで半熟玉子を作ったようなコクが生まれる。

この焼き方では、お好み焼の一体感が向上する上、ヘラでの切り分けが容易になる。また、ヘラで切ったとき、内側にとろとろ玉子の層があるので成層構造が美しい。食味的には最初にソースの香りが来て、麺の香ばしさとカリッとした食感、次に半熟玉子とキャベツの甘味、最後に豚肉のコクと旨味、モヤシのシャキシャキ感がやってくる。

切り分けが容易なので一口で食べやすいだけでなく、それぞれの具材の主張が強くなり、味と食感のメリハリが向上する。これが僕の考える次世代の焼き方だ。ぜひトライしてほしい。

また、お好み焼をシメにしたコース料理を提供するべきと思う。既にみっちゃん総本店系列のじぞう通り店、雅、鐵では実施しているし、広島市中区堺町「丈」でも行っている。最近では、居酒屋でもコストパフォーマンスを向上させるため、ほぼコースのみの店が増え、繁盛している。お好み焼店であれば2000円で簡易的なコースが組めるし、料理3500円に飲み放題付きで5000円も可能だろう。単品の品ぞろえを増やして仕込みとストックを増やすよりは、コース主体にして素材の鮮度を維持し、単品を絞ってクオリティーを上げたほうがいい。

コース料理を予約制にすれば仕込みの精度が上がり、スタッフの負担が減る上、客の満足度が向上する。自分はお好み焼で勝負したいと思うかもしれない。

しかし前述の通り、お好み焼という言葉は元々、さまざまな鉄板焼料理の総体を指している。

そのなかで最も人気があった肉天が洋食焼として伝わり、広島では一銭洋食と名を変えて、現在の肉玉そばになった。

シュウマイやビフテキなどのパロディー料理を復活させても面白いだろうし、現代の広島らしい料理を創り出して提供してもいい。庶民的で遊び心があるという、お好み焼として最も大切な立ち位置さえ押さえていれば問題ない。

僕が示した新しい焼き方について、許可を得る必要は全くないが「この店で食べられるよ！」とインターネットで紹介したいので、ご一報いただけると嬉しい。広島のお好み焼界が盛り上がる一助になれたら喜びだ。

CHAPTER 6

お好み焼地位向上のために

広島県内には8類型のお好み焼があることを説明し、次世代の焼き方も提案した。しかし、「他にもあるんじゃない？『広島てっぱんグランプリ』とかやっているし」、と思われるかもしれない。

そのイベントも、さまざまなお好み焼が創案されたことも知っている。ただ、開発型のご当地グルメは地に足がついていないので、本書では取り上げない。詳しく述べよう。

開発型ご当地グルメとは、地元で昔から愛されている料理ではなく、街おこし的に作られた料理を指す。地域の特産品を恣意的に加えることができるし、新しい名物が生まれたとしてメディアに露出できる。もしかしたら行政から補助金を得ることもできるだろう。しかし、この開発型グルメは、全国どこを見ても死屍累々で、成功例がほとんどない。

広島県内でもかつて、「レモン鍋」という開発型ご当地グルメがあった。特産品であるレモンを使った鍋だ。当時はかなり多くの店でレモン鍋を出していたが、現在ではほぼゼロである。

呉市よしの味噌が広島れもん鍋のもとをヒットさせたので、アウトカムとしてゼロではないが、大山鳴動して鼠一匹だ。

もう一つ、知っている人すら少ないと思うが、「広島焼そば鉄板プロジェクト」もあった。当時は日本各地の焼そばがB級グルメとして取り上げられていたので、二匹目のドジョウを狙ったのだろう。こちらのアウトカムは「徳川」の品書きに残っているくらいだろうか。

なぜ開発型ご当地グルメは成功しないのか。

お祭りに例えると理解しやすい。僕たちが全国のお祭りを観に行く際、何が楽しみなのか。

京都の祇園祭、青森のねぶた祭、徳島の阿波踊りなどたくさんあるけれど、地元の人たちが大切にしている儀式や神輿《みこし》、踊りを見るのが楽しいのだ。

年寄りから子どもに受け継がれる演奏や踊り、お祭りを支える資金の拠出、年に一度のために積み重ねられた入念な準備の数々。その土地だけの祝祭に感動するのだ。

つまり、お祭りを誰よりも大切にしているのは地元の人たち。だから観光客が来なくても祝祭は行われる。祝祭とは元々そういうものだし、現在も観光客がいなくても行われている祝祭が全国にたくさんあり、なかには観光客が立ち入れない儀式性が高いものもある。

お祭りは、自分たちがやりたいからやる。そういうものだ。

ご当地グルメとお祭りの構造は同じだ。観光客が来なくても、自分たちが昔から食べているし、これからも食べ続ける。そういう料理だからご当地グルメと呼ばれる。

自分たちが食べていないのに「観光客の皆様、今日からこれがご当地グルメですから食べてください、僕たちは食べませんけど」というのは「お祭りの会場は用意しましたから、観光客が自ら踊ってください、僕たちは踊りませんけど」というのと同じ。そんなお祭りに行きたいか？

少なくとも僕は行かない。

お祭りとは、地元の人たちが熱狂している、それはなぜなのか、どういう歴史があるのか、その物語性を含めて楽しむものだからだ。


広島県内に成功例がある。

東広島市の美酒鍋だ。戦後すぐに生まれた賀茂鶴酒造のもてなし料理が由来だが、そのうち賄いとして食べられるようになり、いつも濡れた衣服で酒造りをする蔵人をびしょびしょの「びしょ」と呼んだので、「びしょ鍋」と名付けた。それに美酒の字を当てて売り出したのだ。こういうご当地グルメは発掘型と呼ぶ。

地元で昔からあったものを発掘し、スポットライトを当てる手法だ。

美酒鍋を食べながら、酒造りの重労働や蔵人たちの仕事に思いをはせ、日本酒を飲む。

そこまでひっくるめた体験が観光なのだ。発掘型に比べると、開発型には物語性がなく、浅薄だ。

そもそも地元民が普段から食べていない料理を、ご当地グルメを名乗るのは厚かましい。例えば尾道ラーメンや広島ラーメンは地元の人たちが日々食べている。お好み焼だってそうだ。地元の僕たちが日々食べているから、観光客も「そんなにキミらが好きなら食べてみるか」となる。

せめて半分以上の地元民が、普段からその料理を注文している状態にならないと、ご当地グルメとは呼べない。観光客用ご当地グルメなんて失礼極まりないし、同じ口でおもてなしを語るなんて噴飯ものだ。

お祭りをやりたいなら、まずは自分たちが楽しんでやる。そうじゃなければ続かない。自分たちが楽しんで踊っていないと、真に旨いと思って食べ続けていないと長く続かない。楽しんで踊っていたらいずれ、阿波踊りのように見るだけじゃなく踊りたいという人が出てくる。

ご当地グルメとは、観光客に何を食べていただくかという問題ではない。僕たちが何を食べてきて、これから何を食べるかが問題の本質なのだ。

続いて、広島焼という言葉について考察しよう。

この言葉は僕たちに妙な居心地の悪さを感じさせるが、それはなぜか。先に、お好み焼は洋食や和食などのパロディー料理として生まれたと書いた。

正式な料理ではなく、子どもが道端で買い食いする、料理としては格下のものだった。今でもお祭りなどに出店する露天商、いわゆる的屋の料理に対して、僕たちは高い料理性を求めていない。

あの店のりんご飴が最高だとか、ここのベビーカステラは極上だとか、誰もそんなことを言わない。お祭りという非日常的な空間を彩る舞台装置であり、それが付加価値になっているからだ。だからりんご飴やベビーカステラの店は祭りの会場か、観光地にしか存在しない。それを食べることで、非日常の時間を過ごしていることを確認する料理だ。

そのため呼称には無頓着だ。

ベビーカステラの生地や焼き方は本物のカステラと全く違う。でもだからといって、カステラという呼称は不適切だ！　と指摘しない。適当な料理に適当な名前が付いていることに対して、誰も目くじらを立てない。「みんなそう呼んでるし、適当な料理なんだからそれでいいじゃないか」ということだ。

正式な日本料理は、例えば創案者の名前から「幽庵《ゆうあん》焼き」、素材と調理法を表す「蕪《かぶら》蒸し」、いろいろな具が入っている状態を示す「五目飯」のように、パターンは異なれど合理的な名前がついている。合理的で適正な名前がついていないのは、料理として格下であることを暗示しているのだ。

例えば現在、ラーメンと呼ばれている料理を例にしよう。

古くは南京そば、支那そばと呼ばれていたが、それが中華そばになり、現在はラーメンが一般的な呼称になった。大正時代、品書きには南京そばや支那そばと表記してあるにも関わらず、心ない客は「チャンそば一つ！」と注文した。チャンとは当時の中国人に対する蔑称だ。

金銭のやり取りをする際、一時的に発生する、渡す側、受け取る側という立場を利用して相手が提供する料理をさげすみ、自らの虚栄心を満たそうとする哀れな行為である。

つまり彼らは、あえて蔑称を使うことで格下の料理だと主張していたのだ。

その後、南京そばの南京はただの街の名前で、特別な意味がないので使われなくなり、支那そばの支那も蔑称であると指摘されて使われなくなり、中華そばになった。

しかし、中華とは国や地域というより思想を表す言葉だし、そばとは本来、タデ科の一年草である蕎麦を指す。

黎明期のラーメンを蕎麦店の蕎麦と区分するため、便宜的に中華そばと呼ばれただけなのだ。

「蕎麦」が使われていないのに「そば」の字を当てるのは、日本語的にも、食品表示法的にも不適切だが、つまりその程度の料理という扱いだった。

かくして、時代に応じて場当たり的な名称で呼ばれ続けた料理は、やっとラーメンという名称に落ち着く。

そして、「チャンそば」とさげすまれていた料理が、今では我が国で最もスタンダードないという思考だろうか。

ちなみに僕はお好み焼の原始体験が府中市だが、子どものころに府中焼きなんて言葉は存在しなかったし、その呼称は不愉快だ。己の欲せざる所は人に施すなかれ、である。


この名称を考案したのは府中商工会議所内にある備後府中焼きを広める会で、会長は府中市父石町「かたおか」の店主が務めている。

広島市内に府中焼きの名称で多店舗展開する「としのや」のルーツ的な店でもある。

新しいお好み焼として戦略的に成功したし、知名度向上につながったのは良いことだと思う。


僕はその昔、タウン情報誌のお好み焼特集に府中市が入っていないことに憤り、友人の編集者に「特徴があってとても旨いのに、なぜ府中市まで取材に行かないのか！」と怒っていたくらいだ。知名度が向上したことは素直に喜びたい。

また、府中焼きの成功が、他地域にフォロワーを生む背景になったことも理解している。

しかし、それでもこんな奇妙な言葉をいつまでも使うべきではない。そもそもお好み焼は固有名詞であるとされ「お好み焼き」ではなく「お好み焼」である。送り仮名の「き」は付けない。府中焼きという呼称は二重、三重に不具合があるのだ。再考すべき時期だろう。

では広島のお好み焼をどう呼べと言うのか？　と思われるかもしれない。広島風お好み焼か？　だが、○○風というのは○○っぽいというニュアンスがある。出雲風蕎麦とか、マツタケ風鍋と聞けば誰だって「なんだよ、その風ってのは」と言いたくなる。どこかバッタもん臭いのだ。

僕は20年ほど前に一時期、広島式お好み焼と書いていた。でもこれは堅苦しい。10式戦車とか94式自動拳銃とか、そういう世界の言葉で、料理には全く似合わない。我ながらセンスが悪いとしか言いようがない。

オタフクソースは一時期、広島流お好み焼と呼んでいた。そのため、今でもこの名称を使うところがあるけれど、流というのは流派のこと。上田宗箇流のように、家元があって思想、作法、弟子があるような世界を指す。しかもこれまそして、こちらから挨拶をキチンとすれば、よほど気難しい店主じゃない限り、いらっしゃいませと返事してくれるだろう。

座る際には「一人ですが、ここいいですか？」と確認する。

鉄板で食べたければ、鉄板前の席を指してＰＲする意味もある。

そこは下に火が入ってないからこちらにとか、そこは熱すぎるからこの辺りがちょうどいいよとか、気遣いしてくれるだろう。鉄板前が空いてなければ、別の場所に座り、注文時に「鉄板前が空いたら移動してもいいですか？」と申し添える。

この辺りで店主は、礼儀正しい人だなとか、感じがいい人だなと思ってくれるはずなので、雰囲気がフレンドリーになるはずだ。食べ方については後述する。

食べている時、ティッシュペーパーで口の端についたソースを拭いたり、冬だったら洟をかむことがある。この時、使用後のティッシュペーパーは、自分でゴミ箱へ捨てること。

店内にゴミ箱がないとき、僕は持ち帰って捨てるようにしている。体液が付着しているので、風邪やインフルエンザに罹患していたら、店のスタッフにうつしてしまう可能性があるからだ。自覚症状がなくても潜伏期間がある。そもそも使用済みの鼻紙の処理を他人にお願いするなんて、どうも気持ちがよくない。お尻を拭いて、その紙を他人に捨ててもらうみたいな感覚がある。大人なら自分で処理するのが筋だろう。

さらに、精算する際、黙って席を立つのはお子様。

食べ終わって席を立ったのだから、精算に決まってるだろうというのは、自分が意思表示しなくても、周りが察してくれることが当然と思っているということ。つまり、精神的に子どもであることの証だ。

「お勘定!」というのはまぁまぁ。

「すみません、精算お願いします」というのは謝りというか誤り。

精算をお願いするのに「すみません」と謝る必要はない。料理を提供してもらって食べただけなので、威張る必要もなければ、へりくだる必要もない。店と客は対等だから、普通に「ご馳走様でした」と言えばいい。おいしかったら続けて「おいしかったです」と伝えればお互い気持ちがいい。

立ち上がったら椅子は程よい位置へ戻す。その際にガリガリと引きずらない。椅子を軽く持ち上げて、そっと移動させる。時間にして2～3秒のこの行動は、周囲にとても良い印象を与える。優れた登山者がゴミを持ち帰り、道を荒らさないように、食べ終わった後を整えるのだ。

精算時に五千円札や一万円札しかなかったら「大きなお金しかないのですが、大丈夫ですか?」と確認する。700円のお好み焼を食べて「一万円で!」と、当然のような振る舞いをしない。

そこは訪れる前に財布に千円札がないことを確認しなかった自らを恥じる場面だ。

逆に小銭を多く出した場合「枚数が多いから確認してくださいね」と言う。百円玉を7枚出したつもりが、五十円玉が1枚混入していることだってある。悪気がなくてもお互い気まずいので、確認してもらうのだ。

　そして、店を出る際には大きな音を立てず、ドアを丁寧に閉め、振り返ってきっちり閉まったことを確認する。お好み焼店に限らず、ドアをバーンと開けてそのまま出て行く人がいる。それまで丁寧に接していても、最後の最後で台なしになる。残心はいつだって大切なのだ。


　そして最後に、お好み焼はどのように食べるべきかを考えよう。

　まずは、皿か鉄板かを選ばなければならないが、焼そば呉スタイル、焼そば三原スタイルの場合、皿でも大きな問題はない。鉄板上で加熱しながら食べたほうが旨いには旨いが、中身が焼そばなので皿でも違和感がない。実際、焼そば呉スタイルの店では鉄板で食べられない店が多い。

　福山混ぜ焼きスタイルの場合、一体成型なので鉄板から小ヘラで食べるのは容易。問題はその他の地域だ。

具体的には広島オールドスタイル、広島スタンダードスタイル、備後尾道スタイル、備後府中スタイルの場合である。これらの店では皿でも食べることができ、その場合はあらかじめ大ヘラで切れ目を入れてくれる。ほとんどの店で、しっかり底まで切り抜かないので、持ち上げる際、いくらか形は崩れる。

しかし、徐々に冷めるのが特徴なので、冷めれば箸で持ち上げてガブリとかみついて食べることができる。いささか行儀が悪いし、熱々なのに冷まして食べるのは悲しいが、諦めるしかない。

最もおいしく、優雅なのは鉄板から直接小ヘラで食べることだ。でもこれには技術が必要。その技術を説明する。

まず、BLTサンドイッチを食べる際、どのようにして食べるかを考えてほしい。

何を言ってる、手で持ってかじるに決まっているじゃないかと思われるだろう。

その理由は、パン、ベーコン、レタス、トマトなどの具材を一緒に口の中へ入れて、口内調味するからだ。

では、パンをぺろりと剥がして食べ、次にベーコン、レタス、トマトという順番に箸で剥がしながら食べている人を見たらどう思うか？　サンドイッチの食べ方を知らないか、変人の類いと思うだろう。

重ね焼きのお好み焼は、サンドイッチと同じ構造だ。熱いから手には持てないが、サンドイッチと同じように重ねてあるため、成層構造を縦方向に食べるのが理想になる。だから小ヘラで一口分を切り出して食べる。

小ヘラで食べるのが最もおいしいというのは、サンドイッチは手に持ってかじるのが一番おいしいのと同じ理由なのだ。

ただ、初めて広島お好み焼を食べる観光客にそんなことまでわかるはずがない。その観光客に致命的な誤解を与え続けているのが、観光ガイドブックの写真である。広島お好み焼の成層構造を見せたいため、ピザ状に切り分けて紹介しているものが多いのだ。

そういう写真を見た人たちは、広島お好み焼はそう切り分けるのだと潜在的に理解する。だから、出てきたお好み焼をピザ切りにして大きな二等辺三角形に切り出し、むりやり小ヘラの上にのせて、熱々のまま口に持っていっているのだ。

特に広島市のお好み焼はバラ肉やモヤシが曲者で、かみ切るのは難しい。ムリにかみ切ろうとすれば口の中をヤケドするし、成層構造が崩れて小ヘラからお好み焼が落下するだろう。

結果として、無残に崩れたお好み焼を箸で拾って食べることになる。そんな汚い食べ方をする自分にうんざりするだろうし、食べ方を教えてくれない不親切さにいら立つだろう。

果たしてそれでいいのか。

ピザの場合、縁の部分からトッピングの部分、中心のソースやチーズが濃い部分までを一度に味わうため、あのように切り分ける。ピザは水平方向に味が変わるので水平に切り分ける。サンドイッチや広島お好み焼は、垂直方向に味が変わるので、垂直に切り分ける。

料理に応じた食べ方をしているのだ。

広島お好み焼の写真をピザ切りで掲載してある本は、カメラマンのみならず編集者や発行元も含めて、お好み焼を理解していない上、不親切でおもてなしの心がないと考えるべきだろう。


では、皿でお好み焼を食べたくない初心者はどのようにして食べればよいか。小ヘラで2〜3㎝四方にお好み焼を切り出し、それをすくって皿の上に置く。そして箸で持ち上げてパクッと一口で食べるのだ。皿の上に15秒でも置けば、お好み焼の温度が下がって食べやすくなる。ステンレスの小ヘラが口に当たらないので、金気が苦手な人にも勧められる。

くれぐれも欲張って大きく切り出さないこと。

自分が一口で食べられる分だけ、正方形に切り出すのがコツだ。


では、お好み焼の切り出し方を詳しく説明しよう。まずは小ヘラの持ち方だ。

これがとても重要で、持ち方が悪いと広島お好み焼は切れない。

混ぜ焼きはホットケーキのようなものなので、ヘラで軽く押さえればすぐに切れる。豚肉の部分が少し切りにくいくらいだ。

しかし、中にモヤシや豚肉がカットされることなく入っている広島お好み焼は、気合いを入れないと切り分けることができない。小ヘラの木の柄を4本の指でしっかり握り、お尻の部分を親指でぐっと押さえる。これが切り分けるときの持ち方になる。

そして、右利きならばお好み焼の右側からヘラを入れていく。僕は縦に真っ直ぐ切り分けて、それをさらに横方向へ一口サイズに切って食べる。しかし、これは少し難易度が高い。慣れていない場合、端から縦横に小さく切り出すのが最も容易だろう。その際、小ヘラの角を使うのがポイントだ。

お好み焼の端から3～4㎝くらいの場所をポイントし、小ヘラの角を45度に立て、お好み焼に角を突き刺すようにして押し下げる。小ヘラの角が鉄板に当たったら、鉄板と水平にして上からグッと力を込める。下手な人はこの最後の力込めができてない。ここできっちりモヤシと豚肉を切るのだ。

このとき、左右に動かしてはいけない。小ヘラをノコギリのように動かして切ろうとする人がいるが、小ヘラにノコギリのような刃は付いていないので、モヤシや豚肉が揺らされ、崩れることになる。

上からグッと押さえたまま、横にスライドさせて小ヘラをお好み焼から抜く。これでお好み焼に一筋の切れ目が入ったはずだ。

もう一度、同じ作業を先の切れ目に対して90度の角度で行うと、小さく切り出すことができるだろう。

ここで小ヘラを持ち替える。切り分けるときと同じ持ち方では食べられないので、大きなスプーンを持つように小ヘラを握る。これで切り出したお好み焼をすくい、口に運ぶのだ。

このとき、小ヘラの真ん中に置いてしまうと食べにくいので、角の部分にのせる。口へ運ぶ際も、角の先を口に入れるようにすれば、小ヘラが歯に当たることがない。小ヘラの機能は角にあるので、角を上手に使えるようになったら一人前だ。

思われるように食べるので、常に一定ではない。右端から食べ始めることと、途中で上辺を食べることが多いというのが共通するくらいだ。

お好み焼の状態を観察し、厚みのある部分のソースが足りなければ追加し、一味唐辛子や辛いソースで味変したり、胡椒、ガーリックパウダー、胡麻などの追加で調整もする。

どうやったらもっとおいしくなるかを常に考えながら食べること。

それがお好み焼を楽しむコツだ。

最後は3㎝四方くらいのお好み焼が残る。鉄板縁に3㎜でも壁のようなものがあれば、そこへ追い込んで小ヘラにのせることができるけれど、何もなければなかなか小ヘラにのらなかったりする。僕でも手こずることがある。その場合は指をそっと添えてのせるのもアリだ。少し手が汚れるけれど、ほとんどのお好み焼店にはティッシュペーパーが用意されている。

また、鉄板の上に麺やキャベツの破片が残って見苦しいことがある。

その際は上から小ヘラの背で鉄板に押しつけるようにするといい。すると小ヘラに貼り付いてくるので、それをパクッと食べればいい。これができるようになると、食べ終わりの鉄板がキレイになる。

熟練してくると、鉄板はあまり汚れず、少しソースの跡が残るくらいになる。そのレベルにまで達したら、間違いなく上級者だ。誰もが熟達する必要はないけれど、上手になりたいと思うならば、前述の手順を試してほしい。なんだ？　広島のヤツらは！　なんであんなに上手なんだ？　と観光客がビビるようになれば痛快だし、多くの人が優しく教えてあげられるようになればと思う。

CHAPTER 7

名店たちの系譜

広島市には名店と呼ばれる店がいくつもあり、それらの店で修業した人たちが次世代の名店を生み出している。その成り立ちを説明しよう。

まずは大本命の「みっちゃん」を生み出した井畝一族。井畝井三男さんの子どもとその血族だ。現在主流の焼き方、広島スタンダードスタイルは、井畝一族によって創案された。長男の満夫さんがそのリーダー格で「みっちゃん総本店」を率いている。

次男の雅夫さんは「みっちゃん　いせや」を営んでいる。いせやというのは井畝家の井畝だ。

市民でも混同している人が多いけれど、総本店といせやでは細かい点で焼き方が異なるし、何よりも使っているソースが違う。

総本店は当初カープソースで、途中からオタフクソース、現在はオタフクソースに製造依頼したオリジナルソースになっている。

いせやは以前、カープソースベースのブレンドのように感じたが、現在はオタフクソースに製造依頼したオリジナルソースになっており、総本店のものとは異なる。同じみっちゃんでも別の店なのだ。

さらに長女の昭枝さんも店を出している。息子さんが中心に切り盛りされているが、広島市中区橋本町「みっちゃん太田屋」だ。太田というのは、結婚後の昭枝さんの名字。息子さん曰く「自分は自分のお好み焼を焼いとるけど、オジさん（満夫さん）のお好み焼より旨いのは食べたことがない」と言われていた。ここも焼き方が異なるし、カープソースが使われている。

次女のます子さんは一時期、三女の二美子さんと二人で、満夫さんが広島を離れて不在だった時期の「みっちゃん」屋台を切り盛りしていたようだ。二人とも美人でザ・ピーナッツと呼ばれていたと複数人から聞いた。当時、大人気だった双子の女性デュオになぞらえたのだ。

満夫さんが広島駅ビルに移転した後も、父の井畝井三男さんと共に創業の地を守り続けたのが次女のます子さんで、それが現在の「新天地みっちゃん」に続いている。そのことから「みっちゃん」の本流はここだという指摘もある。

ソースは毛利醸造に製造依頼したオリジナルソースを使っている。


三女の二美子さんは、満夫さんの総本店で働かれていたようだ。

かつて「みっちゃん光町」として営業し、現在は「いっちゃん」に店名変更した市居馨さんも井畝一族に連なるだろう。満夫さんの娘婿だ。

長く総本店で働かれていたが「親父と私の『お好み焼観』が異なってきたので、私なりの答えを模索するために、この店を始めたんです」と言われていた。

今ではエキエにも店を出し、広島を代表する店の一つになっている。使われているソースはオタフクソースに製造依頼したオリジナルソースだ。


満夫さんの息子、雅一さんは当初、建設コンサルタントに就いていたが、二代目として「みっちゃん総本店」に戻ってきた。現場には出ないものの、冷凍お好み焼などを手がけ、さらなる発展の礎を築いていたが、平成24年（2012）に43歳の若さで亡くなられた。そごう広島店本館10階「雅」は彼の名前が由来になっている。

焼き方の特徴として、いせや、太田屋、新天地ではタマネギが入る。

満夫さんは「昔は入れていたが、タマネギの甘味が勝つから止めた」と言われていたので、弟妹の店ではその時期の焼き方を踏襲しているのだろう。

平成31年（2019）3月現在、井畝一族だけで、総本店系7店、いせや系3店、太田屋、新天地、いっちゃん系3店の15店を展開している。

しかも広島駅から中心部に集中しており、どこもしっかり客が入っている。

みっちゃんブランドは県内だけでなく、県外にも轟いているが、これまでは原則、井畝一族以外がみっちゃんの店名を使うことはなかった。

しかし、2019年1月にフランチャイズで「みっちゃん総本店新橋店」が出店された。井畝一族以外の「みっちゃん」が生まれたのは画期的な出来事だ。

広島を代表する、みっちゃんブランドがどうなるのか、これからもウォッチし続けたい。

続いては「八昌」の古田一族だが、井畝一族のように店名が統一されておらず、注目されてこなかった。

しかし、彼らが広島市のお好み焼界に与えた功績はとても大きい。

古田一族のキーマンは古田正三郎さんだ。お好み村「ちいちゃん」の初代店主で、お好み村の初代村長でもある。

お好み村が現在のようなビルになる前、一国一城の屋台店主たちの利害を調整し、対外的に面倒なことを引き受けてきた。だから初代村長に推されたのだ。リーダーシップがあったようで、井畝満夫さんが「あの人の葬式だけは香典を包んだ」としみじみ語られていた。現在もお好み村に胸像が残されている。「ちいちゃん」は次男が継がれているようだ。

そして、古田正三郎さんの長男が古田隆則さんで、名店「八昌」の創業者である。当時は親子がお好み村で、それぞれ別の店を出していたのだ。その後、古田隆則さんはお好み村を出て、広島市中区竹屋町に路面店「元祖八昌」を構えた。残念ながら40代の若さで亡くなられたが、次女の古田由香さんが現在も暖簾を守っている。

古田隆則さんには娘が三人いて、長女は既に亡くなられ、お好み焼の仕事には就かれなかったが、三女の中田百合子さんは広島市安佐南区沼田町「ゆりちゃん」を営まれている。

さらに広島駅アッセ「紀乃国屋ぶんちゃん(元「紀乃国屋」)」の初代は、古田正三郎さんの兄妹になる。厳密には姉になるのか、妹になるのか確認できていないが、古田一族であることは間違いない。

そして、お好み村「たけのこ」は古田正三郎さんの娘、古田隆則さんの妹が営んでいる。お好み村の隣「村長の店」は、古田隆則さんの妹の息子、つまり古田正三郎さんの孫が切り盛りしている。

こうしてみると、古田一族の活躍も凄い。「ちいちゃん」「元祖八昌」「ゆりちゃん」「紀乃国屋ぶんちゃん」「たけのこ」「村長の店」と店舗は6店だが、お好み村の初代村長を務め、名店「八昌」を輩出しているのだ。

そして「八昌」も「みっちゃん」同様にわかりにくい。古田一族と無関係の「八昌」があるのだ。古田隆則さんは豪快な方だったようで、お好み村を出る際には、店ごと知人に譲っている。譲り受けた方が、店名を変えずに営業したのが、現在のお好み村「八昌」なのだ。

全く修業していないので、古田一族に連なる店とは焼き方が異なるのだが、「元祖八昌」と同じ、赤ダルマのモチーフがそのまま使われているため、客が混乱する要因になっている。

さらに、お好み村「八昌」から派生した店として、広島市中区流川町のキング村内「八昌 流川店」と、廿日市市宮島町「だるまの八昌 宮島店」があり、どこも店名に八昌が入っているため、非常に紛らわしい。

吉田一族に連なる「八昌」中興の祖である小川弘喜さんは、一歳年上だった古田隆則さんのことを亡くなられた今でも親父と呼び、自分は赤いダルマではなく、青いダルマをモチーフにした。そのため、小川弘喜さんの流れを汲む店のシンボルカラーは青である。

「八昌」の特徴のうち、羽釜で茹で、平ざるで麺上げする、野菜をたっぷり入れる、玉子を半熟に仕上げる、大きなコップで氷水を出すのは古田隆則さんの時代から。生地に牛乳と玉子を入れる、魚粉に鰹節を使う、麺をパリッと焼く、二黄卵を使うのは小川弘喜さんによる改良だ。

さらに、広島市佐伯区五日市に「八昌五日市」を出店してから、茹でた麺を水洗いするようになった。小川弘喜さんに理由を訊くと「蕎麦だって、洗って打ち粉を落としたほうが旨いでしょう。雑味がなくなるんですよ。でも薬研堀の店では設備的にできなかった。五日市に移ってやっとできるようになったんです」と言われた。

そのため、現在でも薬研堀は洗わず、五日市と幟町では洗っている。自分が何歳になっても、どうやったらもっと旨くなるかを考え、常に新しいことにトライし続けるのは、井畝満夫さんと共通のメンタリティーだ。

小川弘喜さんの下で修業した広島市西区楠木町「ロペズ」のフェルナンド・ロペズさんは八昌の特徴を引き継ぎつつ、新たな定番トッピングとしてハラペーニョを創案。育成面での貢献も大きく、ロペズ出身の店は、八昌の特徴を押さえながらオリジナリティーがあり、高レベルな店が多い。

お好み村時代は公式ソースであるミツワソースを使っており、直系の「元祖八昌」と「ゆりちゃん」は現在もミツワソースを使用しているが、小川弘喜さんは薬研堀に移転した際、オタフク専門店ソースに変えたため、小川弘喜さんの下で修業した方はそちらを使う店が多い。

また、小川弘喜さんの薫陶を受けた店では、横に長い鉄板付きカウンターだけか、テーブル席があっても必ず鉄板付きにしているため、仕方なく皿で食べさせられることがない。

「皿だと最初はおいしくても、最後は冷めてベシャベシャになるでしょう。鉄板だと最後までパリッとしている。儲けだけを考えたら皿の方がいいんですよ。食べるのが早いから回転率が上がる。でも私はおいしいのが最優先ですから」と言われた。

小川弘喜さんはなぜ「八昌」を継ぐことになったのか、詳しく話を聞いた。

長崎の実家を家出し、最初は大阪で働くつもりだったが、高校時代の親友が広島にいたので、フラッと途中下車して会いに来た。

彼と一週間くらいぶらぶらしていたらお金がなくなったので、以前からやりたいと思っていたバーテンダーの仕事を住み込み付きで始めた。3年ほど楽しくバーテンダーの仕事をしていたころ、深夜にお好み村で腹ごなしすることが多かった。その店がたまたま「八昌」で、古田隆則さんから「この上の店が空いたからお前やらないか?」と誘われたのだ。

しかし「金がないからムリじゃ!」と応える。それを友人に、この間こんな話があってなと世間話すると「ワシが保証人になって、銀行から金借りてやるよ」と言ってくれた。

それでバーからお好み焼に転向したのだ。

焼き方がわからないので「教えてくれぇ」と古田隆則さんに頼むと「ええよ、ワシが教えたろう」と3カ月の間、修業させてくれた。

独立するときに「ワシの弟子として『八昌』の名を使え」と言われ、他の名前を考えとるんじゃが、親父がそういうなら、まぁええわと店名が決まった。

このとき、どんな店名を考えていたのか訊いてみると「私が長崎出身だから『ばってん長崎』とかね。『広島屋ひろきち』というのもええなぁと思ってた」とのこと。

変わった店名だなと思ったら、小川さんのおじいさんの名前が、広島ひろきち。名字が広島だったのだ。さらにおばあさんの名字が長崎。これは不思議な縁だ！　ということで、お爺さんの名前をつけるつもりだったのが、古田隆則さんの一声で「八昌」になった。

小川さんが「八昌」の名を継ぐことになったのは、偶然に次ぐ偶然なのだ。

また「八昌」のお好み焼が大きい理由を訊いてみると「お客さんの半分以上が残すようになったら、ワシも小さくします。でも9割は完食してくれます。お好み焼を食べたのにお腹一杯にならなくて、もう少し何か食べたいなとか、イライラするでしょう？　お腹一杯の満足感があるのはこのくらいの大きさです」とのこと。

いつごろからこんなに大きくなったのかを訊くと「最初からですよ。昔のお好み焼はどこもこれくらいの大きさです。ウチが大きくしたんじゃなくて、周りが小さくしたんですよ。お好み焼ブームが来たときに早く焼かないといけないからと小さくした。ウチは昔のままだから15分はかかります。私はよく知らないけれど、キャベツを減らして5分で焼くところもあるんでしょ？」と言われるではないか。

常々「八昌」は大きいと思っていたが、そうではなく、これが昭和40年代の大きさだったのだ。

もう一つ、怒られる覚悟で気になっていたことをぶつけてみた。店に立っていたころの井畝さんもそうだったが、小川さんも昔は怖かったですよねと訊いてみたのだ。

「そんなことはないよ」と笑いつつ「昔は変な客が多かったんですよ。仁義なき戦いの時代ですからね。店でビール瓶振り回してケンカしたりして、ワシも何回かお客さんに殴られたし、刺されそうになったこともある。屋台のときは戦後すぐで心が荒んどったからもっと激しくて、屋台がひっくり返ってたらしい。親父は木刀を置いてたと言ってましたよ」とのこと。

そういえば井畝満夫さんも「最初は客として来てくれるからヤクザの人とも付き合いをしていたが、死にかけるようなことがあってから距離を置くようにした」と言われていた。繁華街に近いから繁盛したのだが、昔の繁華街は今と全然違った。酔っ払いが頻繁にケンカする、今では考えられないような治安のなか、緊張感でピリピリしながら仕事していた。だから自然と強面になったのだろう。

そんな小川さんにも可愛いところがあった。以前、東京の著名な料理研究家を案内したとき、彼女が小川さんは誰がお好み焼を上手に食べているか観察していると言ったのだ。「シャオさんの食べ方はとてもキレイだけれど、私は隣で汚い食べ方しかできなくて、すごく恥ずかしかった」となじられたのだ。

そのエピソードを話すと「そんなことはしないよ」と即座に否定され、隣の奥様が

「だってこの人、自分がヘラで食べられないんだから」と言われた。えっ？　と驚いて見ると、小川さんは照れ笑いしていた。

広島市内における二大名店は「みっちゃん」と「八昌」で異論ないだろうが、他にもいくつかある。なかでも僕は、広島スタンダードスタイルの「みっちゃん」、「八昌」の双璧に対して、広島オールドスタイルの「三八」が第三極と考えている。

「三八」を生み出し、発展させたのは日高一族だ。

「三八」の初代店主、日高八重子さんは義理の姉、日高澄江さんが営む広島市安佐南区山本「一休」で修業された。

蒸し中華麺をあらかじめほぐして鉄板の端に積んで置くこと、キャベツを機械で細切りにすること、ミツワソースとガーリックパウダーを使うこと、焼き方が豪快なところは修業元「一休」の流儀。麺に天カスを混ぜてミツワソースで下味をつけること、キャベツの使用量が大量なこと、バラ肉を5枚使って日高の「日」の字に並べること、肉玉そばをシ

系列店ではこの三八式ダブルを採用していない店もあるが、シングルとダブルの値段の差で判断できる。１００円から１５０円程度であれば麺のみダブル、それ以上の値段差があれば三八式ダブルと判断できる。

また、今も昔もテークアウトが非常に多いため、味の劣化が少ないように工夫されている。

近年の流行である、カリカリに焼いたクリスピーな麺ではなく、麺とキャベツの馴染みが良いふわふわした食感に仕上げ、油の使用を少なくして、冷めても油が障らないようになっている。

日高一族でなくとも、この味を引き継いだ店が長く系譜をつないでくれることを願っている。

さらに「へんくつや」も僕の調べた限りでは6店を排出している。

小川弘喜さんが五日市時代から始めた、生麺を茹でた後に洗う手法を最も古くから実施しているのが「へんくつや」だ。阪神タイガースの選手が贔屓《ひいき》にしていることでも知られ、掛布雅之さんが豊中市に「ほっとこーなー」（閉店）という広島お好み焼の店を出したのも、この店の縁だ。

ソースはミツワソースのサンフーズに製造依頼したPB（プライベートブランド）ソースを使っている。


お好み焼にご飯を入れる、そばライが名物の広島市南区皆実町「ひらの」にも後継店が3店ある。少し前まで広島市中区宝町「はせがわ」もあったが、旨かったのに閉店してしまった。

そばライだけでなく、厚さ3ミリ以上ある分厚い豚バラ肉や、スジコンと呼ばれる煮込みなど、ユニークでボリュームのあるオプションが用意されているのも特徴。ゆかり入りやカレー粉入りなど、無料のオプションもある。ソースはカープソース。焼き方は豪快だが、全てがケチ臭くなくて、何でもたっぷり入れるのに値段は安い。だからこそ人気なのだが、薄利多売でなければ成り立たない経営スタイルだ。

みっちゃん、八昌、三八、へんくつや、ひらのの系譜は巻末にまとめたので、食べ歩きの参考にしてほしい。

CHAPTER 8

さまざまなオプションとその歴史

広島県内のお好み焼は、中華麺、豚肉、玉子入りを基本として、さまざまな具を追加できる。多くの店ではこの具をトッピングと呼ぶが、トッピングとは本来、仕上げに行う飾り付けという意味。そういう使い方は青ネギくらいで、ほとんどの具は中に入れて焼くし、麺や野菜の増量に至っては明らかにトッピングではない。言葉として正確を期すならオプションと呼ぶべきだろう。

伝統的にお好み焼のオプションは本体との相性が良く、安価で身近な材料でなければならない。今では高額なオプションもあるけれど、例えばトリュフやフォアグラをお好み焼に入れたいだろうか。

おそらく入れたら入れたで旨いと思うし、そういう挑戦は歓迎するが、先人たちが創意工夫して安価かつ相性が良いものを探してきた経緯を考えると伝統的ではない。それだけ高価な材料を使うのならば、味付けはお好みソースでいいのか？　というところから見直す必要があるだろう。仔羊肉だろうが、和牛肉だろうが、全て同じソースを使うレストランがないのと同じ話だ。

戦後のオプションは結構自由というか、食べるものがなかったので、事前に用意できるものは限られており、井畝満夫さんは「注文されて、用意がなかったら買いに走った」と言われていた。そのなかで最古に近いと思われるものが餅とイカ天。

僕の推測でエビデンスはないが、餅はおそらくイカ天よりも古い。現在ではあまり頼む人がいないオプションだが、品書きがシンプルな老舗ほど、餅が用意されていることが多いのだ。

今でも広島市内に餅屋と呼ばれる老舗の専門店が残っているのは、昭和40年代くらいまでは頻繁に餅を食べていたからだ。

僕の親世代以上の人たちは、餅は別腹というのが普通で、一人で5個でも6個でも食べていたし、大正7年（1918）のお好み焼屋台の品書きにはモチフライという料理が記載されている。常温保存できるので、広島県内でも一銭洋食時代から用意されていたのではないか。

ただし、現在ではあまり出ないようで、老舗のおばちゃんに訊いても「わたしゃぁおいしいと思うんじゃがなぁ」と言われる。おばちゃんたちが子どものころ、一銭洋食のオプションとして用意されていたから、それを踏襲していると思われる。

戦前は徹底した米飯文化なので、一銭洋食をボリュームアップする手段として、麺よりも餅が一般的だったはずと僕は考えている。

では、イカ天はどうか。

なぜお好み焼に入れたのか。

その話をするには、そもそも、なぜ広島県の沿岸沿いでイカ天が作られるようになったのかを語らなければならない。そこには壮大な物語があった。

イカ天とはスルメを圧延したのしイカに衣をつけて、油で揚げたものだ。

ではスルメの原料は？　当然、スルメイカに決まっている。だが、スルメイカは瀬戸内海では獲れない。瀬戸内海で獲れるのはコウイカやベイカで、スルメイカは北海道や東北が主な産地だ。どうして、わざわざ遠方から取り寄せて加工したのか。

それは江戸時代前期に成立した西廻海運、北前船で運ばれてきたからだ。東北の米を江戸に運ぶため、最初は距離が短い東廻海運を使おうとした。

しかし、親潮と黒潮がぶつかり、現代でも難所といわれる千葉県の犬吠埼沖を冬に通るため危険だった。だから日本海側の北陸方面へ回り込み、そのまま南下して下関から瀬戸内海に入り、大阪経由で紀伊半島を回り込んで江戸まで送るルートが開発された。

なぜそんな日本一周みたいな大回りを？　と不思議に思うけれど、エンジンが付いていない船だし、無事に積荷を届けることが最優先だったのだろう。主な荷物は東北から江戸へ送る米だが、江戸から戻るときには東北や経由地に足りない物資を運ぶ。

ただし、安全な航路だけど距離が長くて時間がかかるので、米や塩のような腐らないものしか送れない。当時は殺菌が不十分なので灘の酒すら江戸まで送れなかったようだ。

もちろん、スルメイカもそのままだと腐ってしまうが、干してスルメにすれば、軽くなる上、腐らなくなる。この航路を利用して、呉市や尾道市など瀬戸内海の港にスルメが荷下ろしされるようになった。

味はよいが硬いスルメをおいしく食べるための工夫として、のしイカが生まれ、さらにイカ天が生まれたのだ。元祖は不明だがおそらくイカ天の発明は呉市か尾道市と考えられる。製造メーカーの8割が両市に集中しているのだ。裏付けは取れていないが、呉市では海軍の備蓄用タンパク質としてスルメが用いられたという話も聞いた。

なるほど、身体を鍛えている軍人には良質なタンパク質が必要だし、常温で備蓄できる天然のプロテインとして、スルメは最適だったのだろう。

呉市や尾道市でイカ天が生まれたのは、西廻海運で運ばれてきたスルメをおいしく食べるための工夫だったのだ。

ここまで、なぜ広島県でイカ天が生まれたのかを説明した。しかし、まだお好み焼にイカ天は入っていない。その話が聞けたのは偶然だった。

お好み焼商社として、昭和27年(1952)創業の広島市中区千田町、ハナキの花木耕一さんのお話に出てきたのだ。ハナキのルーツは広島市南区皆実町にあった花木商店という果物や菓子の販売店。その店の奥でお好み焼も焼いていた。

そこへ、オタフクソースの三代目になる佐々木繁明さんが来て、先代の花木久男さんに新しく作ったお好みソースを使ってみてくれと言われ、使用感について議論するうち、一緒にこのソースを広めようという話になって、その後、お好み焼商社になった。

商社なのでソースだけでなく、鉄板、ヘラ、青海苔、肉押さえ（お好み焼を押し潰す金属製の道具）、店内に下げるカレンダーまで手配する。そのなかの一つに天カスがあった。花木耕一さんによると、天カスには油脂による旨味を加えるだけでなく、強い保温効果があって入れると内側からしっかり焼けるらしい。実際、天カスが自然発火する火事が時々起きている。

「昔は天カスを捨てていたから、ただ同然で仕入れていた。しかし、天ぷら店の天カスはすぐに傷むんだ。そこで珍味の天カスに目をつけた。油切れが工夫されていて、日持ちしたんだよ」とのこと。

この珍味が、呉市のイカ天と思われる。

現在でもイカ天が混ざった天カスを使っている店がある。小麦粉だけの天カスよりも、イカの風味や調味料が混ざった天カスのほうがジャンクで旨い。お好み焼はヘルシーではあるけれど、味の傾向としてはジャンクなので、味付き天カスが合うのだ。

花木耕一さんはそこから先は子どもだったので覚えていないと言われたが、イカ天風味の天カスではなく、本体のイカ天を入れたらもっと旨いと考えるのは必然。天カス経由で、イカ天そのものを入れるようになったに違いない。イカ天の天カスを使い始めた時期は「僕がまだ物心ついてない時期だよ」と言われた。花木耕一さんのお話から推測すると、昭和30年(1955)前後ということになるから、お好み焼黎明期だ。当時は呉市の大塩するめと取引していたと言われた。

なお、これは広島市及び呉市におけるイカ天の話で、おそらく三原市や尾道市には別の物語があるだろう。特に三原市はイカ天のことをのしイカと呼ぶので、広島市や呉市よりも歴史が古い可能性が高い。尾道市は、尾道市の古い流儀を伝える「萩乃家」がデフォルトで入れるため、やはりある程度、昔から入れていたのではないか。

ただ、尾道市のイカ天製造会社、まるか食品も砂田食品も昭和36年（1961）創業と比較的新しい。廃業してしまったもっと古い会社や個人商店があったのかもしれないが、調査できていない。

大正7年（1918）のお好み焼屋台の品書きにイカカキアゲという料理がある。何度も言うように、本物のイカかき揚げではなく、その形態模写、パロディー料理だ。

冷蔵設備がない屋台だから、おそらくスルメと水溶き小麦粉を鉄板で焼いた料理だろう。つまり、最も古いお好み焼の一つにイカ天の親戚のような料理があったのだ。広島のお好み焼にイカ天が入ったのは偶然ではなく、歴史的必然だったのかもしれない。

県外の人から、なぜ広島ではお好み焼にイカ天を入れるんだ？　と訊かれたときは「いいですか、まずイカ天の作り方を説明します……。しかし瀬戸内海でスルメイカは獲れません。江戸時代初期に東北の米を江戸に運ぶため、西廻海運という航路が作られ……」としっかり説明してもらいたい。ウザがられること間違いなしだ。

それ以外のオプションで一般的なのは、青ネギ、チーズ、キムチ、生イカ、生エビ、トウモコロシ、ツナ、ニンニクだろうか。最近は山芋や納豆を置く店も増えた。また麺ダブルは昔からあったが、近年になって野菜、肉、玉子のダブルができる店も増えた。

品書きになくてもやってくれる店は多い。豊富なオプションが広島お好み焼の特徴だ。さまざまなオプションのなかで、僕が出合った面白いものを紹介しよう。

まずは辛味系。

広島市安芸区矢野西、JR矢野駅前「一八」には無料オプションで、この店オリジナルという辛天カスと、卓上調味料として輪切り鷹の爪がある。辛天カスはその名の通り、ピリッと辛い天カスで、何も言わないと普通の天カスが使われるが、壁の張り紙に気付いて

「辛天カスで！」と言えば無料で交換してくれる。さらに卓上に一味唐辛子ではなく、輪切りの鷹の爪が置いてあった。これは？　と訊くと「辛いのが好きならお好み焼にかけてください」とのこと。

使ってみると粉末状の唐辛子より、辛味も風味も断然強い。ここのお好み焼はジャンク系の味付けなので、ガツン！　の鷹の爪が良く合った。

いろいろと「三八」そっくりだし、店名もそんな感じなので、修業されたのですか？　と訊いたら違うとのこと。三八インスパイアのようだ。

広島市南区比治山町「燦々」には、自家製の辛いソースがあった。ベースはミツワソースのようだが、そこに唐辛子の醤油漬けなどを加えてあり、醤油味が効いた和風な味わいで、唐辛子のシャープな辛さが特徴的。これをかけながら食べても旨いが、辛いの好きなんですよと言うと、醤油に漬けていた生の唐辛子を出してくれた。真っ黒に変色した生の唐辛子だが、これがいいアクセントになって旨かった。唐辛子をそのまま加えるとシャープな辛さが前面に出すぎるが、こうやって一手間かけると相性が向上する。

そういえば広島市西区楠木町「ロペズ」とその弟子の店で提供されるハラペーニョもピクルスである。唐辛子そのものよりも何かに漬け込んだほうが好相性のようだ。

また広島市中区基町「たまちゃん」では麺の下味に一味唐辛子を使うし、広島市中区光南「光」でも辛くしてとお願いすれば、無料で豆板醤を入れてくれる。

広島市佐伯区五日市町石内「愛」では20円プラスで自家製のスタミナ辣油を使った肉玉そばを焼いてくれる。辛さは選べるが、初訪だと1辛になる。

僕は2辛にしてもらったが、口内の辛さは穏やかながら、お腹がポカポカしてきて寒い日に嬉しかった。辛さ耐性が低い人は1辛で十分だろう。

同じ辛い系で最も旨かったのは広島市中区小網町「初」の自家製辣油。八昌の流れを汲む店で、実際お好み焼も八昌系の旨さだが、鉄板の横に自家製辣油があった。これは何に使うの？　と訊くと「お好み焼にかけることもできますよ」と言うではないか。具がたっぷりで、まるで一昔前に流行した食べる辣油のよう。このザクザクした具を辣油と一緒にお好み焼の上にのせて食べる。これが思った以上に好相性だった。

カリカリのガーリックだけでなく、海鮮系の具も入っているっぽい。唐辛子も福岡から取り寄せているらしく、辛さよりも香りの良さが特徴的だった。さすがに無料は厳しいので、材料代くらいはもらおうかと考えてますとのこと。無料だと恐縮してしまうけれど、有料だと遠慮なく使えるから、そのほうが嬉しい。


麺に唐辛子パウダーを練り込むのも定番だ。

近年では三次商工会議所が平成24年(2012)から三次市の江草製麺が作っている唐辛子入りの麺と、ほぼ三次市でしか流通していないカープソースの辛口を合わせて、三次唐麺焼と称している。

唐辛子入りの麺は広島市内でも以前から流通しており、僕の最も古い記録は広島市南区比治山本町「利久」で、平成10年(1998)頃には既に提供されていたが、閉店されたのでどこの製麺所だったのか確認できていない。

最近ではハバネロ入りの麺を置いている店も多い。有料無料を問わず、お好み焼に辛味系のオプションは、もはや定番だろう。

　そして、僕の知る限り最も辛いお好み焼だったのは広島市中区千田町「ドバイー」だ。ここにはドバイ焼（お好み焼をそう呼ぶ）の有料オプションとしてカリクラドバイというのがあり、ラドン、キングギドラ、もすら、ガメラ、ごじら、必殺メカゴジラの順に辛くなる。

　カリクラドバイってなんだ？　とか、一番強いのはメカゴジラか？　など、ツッコミどころ満載だが、ここはその他のメニューも独特のネーミングなので（ハンバーグのごりら、はっとりくん、こっこちゃんなど）気にしても仕方がない。

　さて、その必殺メカゴジラは、暗赤色と灰褐色でまだらに彩られたお好み焼だった。運ばれて来る途中で周囲の客がクシャミしたり咳き込んだりする凶悪さ。目の前に置かれるとカプサイシンが目に染みる。恐る恐る食べてみると、上にかかっているのは大量の唐辛子と胡椒だった。

　唐辛子の辛さは複雑で、ただ辛いだけではなく風味があるけれど、普通の人は食べられないレベル。

ハバネロが入っているのはわかったが、それだけじゃないと思って訊いてみると、七味唐辛子やパプリカなど、いろんな種類の唐辛子をカクテルしているとのこと。残念ながら2018年夏に閉店されたので、食べられなくなってしまった。


広島市南区青崎、JR向洋駅近く「かねゆき」には「ニンピ」という名のオプションがある。

ニンピ？　何だそれ？　と思うだろうが、ニンジン&ピーマンの略だ。ニンジンは三原市を中心にデフォルトで入る店があるけれど、オプションは珍しい。

しかもピーマンとセットなのだ。入れるのはニンジンが多めで、三原市で使われる倍以上。ピーマンはそれよりかなり少ないので、ニンジンの主張が強い。加熱されたニンジンはセリ科の爽やかな風味と独特の甘みがあって、お好み焼がさらに洋風な味になる。ピーマンはほのかな主張だったが、これは苦味を敬遠する人が多いからだろう。

ニンジンはたくさん入れてもなかなか旨いことがわかった。

広島市中区基町、基町アパート1階「たまちゃん」には豚耳がある。デフォルトでニンジンが入るので、もしかして三原市出身？　と思ったが違った。家庭料理の延長で、ハンバーグに細かく刻んだニンジンとピーマンを入れるように、お好み焼にニンジンを入れているとのこと。ピーマンも昔は入れていたが嫌う人が多いので止めたようだ。

きっと三原市付近で最初にニンジンを入れた人も、「かねゆき」も、ここの店主同様、母親的な発想からだろう。

そしてニンジンも面白いが、僕がおすすめするのは豚耳だ。これは合うのでは？　と思って食べたら予想以上に旨かった。この店の鉄板は非常に熱く、鉄板で食べるとお好み焼は最後まで熱々。

すると豚耳のゼラチンが溶け、お好み焼に深いコクを与えるのだ。さらに軟骨部分のコリコリが食べていて楽しい。おばちゃんは「実は私、豚耳入りは食べたことないのよ。おいしい？」と衝撃のカミングアウトをしてくれたが、僕は秀逸と感じた。

安芸郡府中町浜田本町「よしだ」には鶏皮入りがある。豚耳が合うのなら鶏皮も合うのではないか？　と思ったのだ。注文すると「甘い味付けだけど大丈夫？」と訊かれた。お好みソースがそもそも甘いので、甘くなるのは無問題と思ったら、そのままの鶏皮ではなく、あらかじめ漬け込んだ鶏皮を使うのだった。味付けのベースは醤油と砂糖かな？　濃い色に染まった鶏皮を重ね、バラ肉は使わない。

そして漬け込み液を麺にかけて下味を付ける。どんな味になるのだろう？　と思って食べて納得した。これ、鶏皮の煮込みだ！　呉の鳥屋では鶏皮の味噌煮込みが定番だが、多くの店が甘い味付けにしている。鶏皮は甘めの味付けが合うのだ。

そして、鶏皮の味噌煮込みに一味唐辛子を振るように、鶏皮入りお好み焼にも唐辛子の辛味が合う。

鶏皮の味付けがあるので、お好みソースは薄塗り。

思ったよりも甘さが強めだったが、鶏皮は茹でるだけでダシが取れるほど旨味が濃い素材。鶏油とゼラチンのコクがしっかり出て、これもアリと感じた。鶏皮好きならば気に入ると思う。

他にも薬研堀やエキニシに店がある「えん」も鶏皮入りを出している。廣島赤鶏を使い、唐辛子系の赤いソースも加えることから赤焼と呼んでいる。

キノコを入れる店もある。

広島市中区東千田町「いなさき」ではシメジがあった。珍しいねと言うと「ウチでは昔から入れてるの」とのこと。食べてみるとシャキシャキした食感と独特の風味がはっきり主張する。

これはアリだなと感じた。シイタケを入れるのは広島市中区舟入中町「拾九番」のヘルシー焼きだ。

オプションにシイタケはないが、ヘルシー焼きを頼むと入る。

ちなみにヘルシー焼きとは、麺なし、キャベツW、とろろ昆布、シイタケ入りをこの店ではそう呼んでいる。薄くスライスされていて主張はあまりないけれど、口に入れると時折シイタケ独特の風味が立ちあがってくる。お好み焼にキノコを入れるのって思った以上に違和感がなかった。エノキダケとかも旨そうと感じた。

未食だが、東広島市西条町「栞」にはきのこバターといってブナシメジ、エリンギ、マイタケ、エノキダケをバター炒めにして加えるオプションがあるようだ。これは食材というよりも、キノコのバター炒めという料理を加えていると言えるだろう。

料理といえば、広島市西区南観音「くるみ」ではポテトサラダ入りがあった。品札にポテトサラダと書いてあるので、これは単品料理ですか？ と訊いたら、お好み焼のオプションだという。

「ほら、マヨネーズをかける人がいるでしょ？ あれと同じよ」とのこと。同じか？と思いながら、麺なしの野菜肉玉に加えてもらった。麺入りにするとおそらく量が多すぎるし、炭水化物が重なるからだ。

すると注文を受けてからポテトサラダを作り、鉄板の上に広げるではないか。焼き方は広島スタンダードスタイルで、場所的には麺の位置にポテトサラダが入る感じ。おそらく麺ありだと麺と本体の間に入るのだろう。

食べてみるとホコホコのジャガイモとマヨネーズの酸味とコクがいい感じでバランスす

る。途中でキュウリのシャキシャキ感が出てきたりして、食べて楽しいお好み焼だった。これはアリだ。

また、夏限定の大葉は自家栽培のものを大量に使うし、ベーコンは既製品ではなく、自作のベーコンを使う。スーパーなどで売られているベーコンは燻液に漬けるだけで燻していない、いわばベーコンモドキ。

ここは本物のベーコンなので風味が全く違う。基が豚バラ肉なので、お好み焼と好相性で、これもまた楽しかった。


広島市南区皆実町「ひらの」はスジコンとご飯入りが有名だが、ユニークなお好み焼も出す。お好み焼に入れるご飯をカレー味にしたり、ゆかりを振りかけたりは頼めば無料でやってくれるし、オプションのなかにはアボカドもあるが、最も驚いたのはワカメ。これはご飯のみのオプションになるようだ。

そばライ（肉玉そば＋ご飯）か、お好み焼ライス（肉玉ご飯）にしか選べない。

理由を訊くと「そばはばらけるから合わないんよ」とのこと。ぜひ食べてみたいが、これまでに2度振られている。「発注を忘れるのよ」とのことなので、あまり注文がないのだろう。

ここは常に混んでいて、店の外まで待ち客が出ていることが多く、なかなか入店できないのだが、タイミングを見計らって入店し、今度こそワカメ入りにトライしたい。


「ひらの」のスジコンも面白いが、広島市安佐北区可部「南風」ではデフォルトでスジ肉、コンニャク、ジャガイモが入る。さらにヘルシー焼きを頼むと、麺が半分になってその変わりにキクラゲを入れてくれる。面白いので頼んでみたら少しバラけやすいものの、ジャキジャキした歯触りが楽しかった。

キノコは癖がないため食感はともかく、味的にはお好み焼とも好相性だ。

なぜ、おでんのような煮込みを入れるのか訊いてみると「ほら、スジコンを入れる店があるじゃないですか。だからこれもアリかな？　と思って」とのことだった。

オプションではなくデフォルトで加えるため量が少なく、該当の場所を食べたときにおっ？　これはスジ肉？　と感じるくらい。相性は良いので、増量のオプションがあってもいいのでは？　と感じた。

広島市佐伯区五日市、コイン通り「炎」はかなりアバンギャルドな店で、実験的なお好み焼が多かった。

麻婆豆腐入りや塩辛&チーズを見かけたことがあるし、オプション類はサルサソースやカチョカバロなどユニークだ。

だが、最も賛否両論になるのはバナナ・スペシャルだろう。お好み焼の中にバターソテーしたバナナが入るのだ。ところが食べてみると、驚くほど一体感がある。

お好みソースには元々果物が使われているので、バナナのすっきりした甘味とは相性がいい。

また、アフリカの赤道付近では主食的に食べられているように、バナナは甘味を除けばイモと似ている。石焼き芋のとろとろに柔らかいのが入っているみたいな感覚なのだ。

バナナをポン！　と入れただけなら味が浮くけれど、麺はうどんのほうが合うとサジェスチョンしてくれ、チーズ、黒胡麻、マヨネーズを加えることでバナナの味が浮かないように工夫し、食べるときにはタバスコを出してくれる。

お好み焼にタバスコ？　と思いながら使うと、辛味よりもシャープな酸味が好相性。全体的にやや食味が重いお好み焼なので、宅配ピザにタバスコを使うのと同じ効果があった。お好み焼史に残る問題作と思いきや、食べてみると料理性は高い。調べてみると、以前は広島市安佐南区緑井「ミッキー」でもバナナ入りを提供していたが、現在は提供していないようだ。店主に、他に出している店って知ってますか？　と訊いたら「ないでしょう！　バナナは！」と言われ、お互い大笑いした。

ちなみにこの店のお好み焼は非常にユニークで、牛風呂敷、イカ兄弟、キーマカレー、黒こしょうポテト、納豆オムレツ、和風山芋ステーキ、磯辺もちなど、もはや名前からお好み焼を連想することすらできない。これほどマニア心をくすぐる店はなかったが、残念なことに平成30年（２０１８）9月で閉店してしまった。

そして、斬新かつ他店では見かけたことがないけれど、王道的な旨さのオプションを紹介しよう。

広島市中区富士見町「おっこんﾞ」の干しエビだ。生エビも用意されているが、僕のおすすめは断然干しエビ。時々使う店があるサクラエビ(オキアミの素干し)ではない。サルエビを干したような、なかなか立派な干しエビなのだ。

これが生エビより遥かにお好み焼と相性良く、なぜ誰もこの組み合わせに気付かなかったのだろう！　と衝撃を受けた。エビの香ばしい風味があり、奥歯でかみ締めると濃厚な旨味を感じる。

店主に訊くと「イカ天と同じくらいお好み焼に合うモノがないか、探しに探して見つけました」とのこと。値段も１００円と安価。

他では見かけないオプションだが、味わいは王道。しかも広島らしさを兼ね備えている。次世代の新定番は干しエビだ！　と断言したくなる旨さだった。

ところが老舗で話を聞いていると、一銭洋食時代には干しエビを入れることがあったようだし、大正時代のエビ天には干しエビが使われていたはず。店主はそんな歴史は露ほども知らず、60~70年くらい途切れていたオプションを思いがけず再発見したということのようだ。王道的な旨さには理由があったのだ。

探せばまだ面白いオプションがあるだろう。特に激戦区である広島市周辺はバリエーション豊かだ。

ただし、料理としての一体感は必須。別々に食べたほうが旨いのでは？　と感じさせたら、それはお好み焼の負け。うどんにステーキをのせて食べないように、料理として合理性がないということだ。

浅薄な思いつきではなく、思わず膝を打つようなオプションに出合いたいと願っている。

続いて個別の店ではなく、地域に根付いたオプションはどうか。広島市では半ば定番とも言えるほど多くの店で提供されるようになったのが、しょぶり肉だ。広島県内では珍しく牛肉である。

あばら骨近くの肉をそぎ落としたもので、細切れにして豚バラ肉の代わりに入れることが多い。

カルビの一種なので、脂も、肉の味も、風味も強い。お好み焼に入れると、かなり強く主張するので好みは分かれそうだが、これだけ広まったということは、受け入れられているということだろう。提供が始まったのは今から20年くらい前、広島市西区福島町、都町辺りだったと思うが、元祖の店は不明。当該地域の古い店はほとんど閉店しているので、既に閉店した可能性がある。

稀に和牛のしょぶり肉を使っている店があり、そのときは和牛香が感じられ、特別に味わい深い。

まだサンプルが少なくて、確証はないが、三次市には海老天という文化があると考えている。

確認できたのは次の7店。

・三次市十日市南と南畠敷町「たむ商店」
・三次市十日市中「ねぎぼうず」
・三次市十日市中「タカオカ」

・三次市十日市中「宝来屋」
・三次市十日市中「杉岡」
・三次市十日市東「ごんべ」
・三次市畠敷町「八っちゃん」

僕は最も歴史が古い「杉岡」で食べた。海老天というのは、駅の立ち食いうどんで使われる、円形に揚げた天ぷらの中に小さなエビが1〜3匹入っている、ほとんど衣のアレだ。それをお好み焼に入れるのだが「杉岡」の店主に確認したところ、発祥の店はわからないとのこと。ただし「杉岡」の先代がもしかしたら習ったかも？　という店を教えてもらった。

三次市で最古と言われる「千両屋」だが、訪れると既に閉店しており、そこに海老天のオプションがあったかどうか、確認することはできなかった。

お好み焼にイカ天を入れるのはイカ天を製造している県南の文化で、昭和50年代には府中市ですらイカ天入りはなかった。

県北ではイカ天が伝わる前から、海老天を使ってコクと旨味を補強していた可能性がある。三次市のお好み焼店はタウンページ上で30店あり、そのうち海老天（天ぷらと呼ぶ店もある）のオプションが確認できたのは7店。現在でも4店に1店は置いてある。既に消えつつある文化かもしれないが、広島県北部のもしかしたら唯一の特徴かもしれないので大切にしてほしいと願っている。

既に書いたが、福山市の最南端、鞆の浦のお好み焼にも特徴があった。昔はたくさんの店があったものの、現在では新旧含めて5店しかないが、そのなかでの圧倒的な老舗「のむら」と「たまい」では魚のすり身揚げが使われている。

残念ながら呉市吉浦や尾道市吉和がそうであるように、鞆の浦でも老舗はほとんど閉店してしまっている。残りの3店は比較的新しい店で、僕はまだ訪れることができていない。魚のすり身揚げを入れる文化が引き継がれていることを願っている。

こちらも先に書いているが、尾道市では生海鮮と砂ズリだ。尾道は商人の町であるとともに、漁師町でもあるので安い海鮮を一銭洋食に使った歴史がある。

今では海鮮が捕れなくなったり、捕れても値段が高くてお好み焼にはなかなか入れられない。

それでも伝統を守ろうとして、意地で出してくれる店がある。

冷凍すらしていない生海鮮を使う地域は、尾道市以外ではほとんどないだろう。砂ズリは閉店した「黒田」が元祖で昭和45年（1970）頃から。今では尾道市の特徴と言われるが、歴史は浅い。


ちなみに広島市でも僕の好きなアサリ入りを出してくれる店はある。広島市東区若草町「ちかちゃん」、広島市南区出汐町「ジョー」、広島市南区西翠町「ひなた」、広島市佐伯区五日市「大黒屋」などだ。値段を考えると当然だが、どこもアケミ（生アサリ）は使わない。

三原の鶏モツも書いた通り。「てっちゃん」では昭和50年（1975）頃に入れ始めたようだが、昭和30年代には出していたという説もある。元祖は不明だが、養鶏が盛んな三原市ならではだ。

鞆の浦も、尾道市も、三原市もそうだが、共通するのは安価で身近にある動物性タンパク質を加えたこと。野菜ばかりだと味気ないので、何か肉っぽいものを入れたいが、値段が高いとお好み焼にならないから工夫したのだ。

府中市のミンチ肉も味以前に安いから使ったものであり、いかに安く旨く工夫するかが歴史的なオプションの本質と言えるだろう。

意外なところで、岩国市では牛肉入りを出す店が結構多い。デフォルトで豚肉ではなく牛肉を入れるのだ。僕が見つけることができたのは岩国市今津町「お多福」、岩国市岩国一丁目「たつみ屋」「食進坊」、岩国市新港町「味美」の4店だが、地域として牛肉入りが認知されているようで、牛肉入りを出していない店でも品書きが、肉玉そばではなく豚肉玉そばになっている。

肉玉そばだと、牛肉か豚肉かわからなくて客が混乱するのだろう。さらにイカ玉そばやエビ玉そばのように、豚肉の代わりにイカやエビを入れるお好み焼がある。

広島市ではイカやエビはプラスで加えるもので、豚肉の代わりに入れたりはしない。大阪市や神戸市など、関西地域のメニュー構成だ。近年は広島市の影響を強く受けているが、それ以前は別のお好み焼文化だった可能性がある。

岩国市のお好み焼はまだ調査の余地がありそうだ。

また、岩国市以西にも牛肉入りがあるという情報もあるが、確認できていない。


最後に、幻となりつつあるオプションを紹介しよう。『タウンガイドくれ・芸南』（1998年K・M・S刊）を読んでいて驚くべき記述があったのだ。

芸南地域（呉市周辺）では、おでんのジャガイモやコンニャクを刻んでお好み焼に入れるというのだ。呉市のお好み焼はそこそこ食べているが、おでんを入れるオプションなんて僕は知らない。

だが、尾道市因島壬生町の伝説店「みその」（閉店）は、味が染みたおでんのコンニャクを使っていたと聞いた。その流儀を引き継いでいるのは3店。

尾道市因島土生町「ニューさが」と「仲よし」では現在でも味付けしたコンニャクを入れるし、尾道市因島三庄町「大出たばこ店」ではスジコンにして入れる。三原市宮沖「のりちゃん」や、呉市吉浦「藤本」でも昔はおでんのコンニャクを入れてたわよ！　と言われた。

広島市西区大宮「くらおか」では年中おでんを出しているので、おでんをお好み焼に入れたりする？　と訊くと「ウチは入れない。でも安芸郡府中町のほうでは入れるところがあるみたいね！」と言われた。常連のおばちゃんたちも「コンニャクを小さく刻んで入れるらしいんよ」と言っていたので、広島市周辺でも一部に、おでん、特にコンニャクを入れる文化はあったようだ。

コンニャク入りは食べたことがあるけれど、おでん入り、特にジャガイモなどが入ったお好み焼を食べてみたくて調べると、少なくとも呉市音戸町「金元」(閉店)と呉市川原石「堀」(閉店)では提供していたことがわかった。

呉市西中央、ミツヤ産業の屋敷貢一さんに訊くと「１９６０年～１９７０年初期、呉市の駄菓子店の奥には鉄板と鍋が並んでいて、お好み焼とおでんが食べられたんです。鉄板はせいぜい60㎝四方、そこに座って食べるのは憧れでした。豚バラ肉とか、中華麺が入るのは記憶になくって、おでんをおばちゃんが刻んで、お好み焼にのっけてくれてました。ぐべんしゃ（金持ち）の子どもは、スジ肉とか入れてたけど、僕はいつもコンニャクだったな……。お好み焼を食べるお金がないときは、コンニャクやジャガイモを鉄板に置いてもらって、青ネギとお好みソースをかけて食べていました」とのこと。

確かに呉市では、おでん入りのお好み焼が食べられていたのだ。

30年くらい前まで、おでんは飲食店の定番サブディッシュだったが、現在ではコンビニエンスストアが主な提供先になっている。既に絶滅してしまったのかと諦めかけていたころ、ついに見つけることができた。

呉市三条「みやおか」だ。ただし、品書きにおでん入りの記載はない。この店では年中、おでんを提供しているので、頼めばそれをお好み焼に入れてくれるのだ。

焼き方はこの地域伝統の焼そば呉スタイル。僕が訪れたときは、牛スジ肉、厚揚げ、蒲鉾、ゴボウ天、コンニャクで、普段は玉子とジャガイモもあるとのことだった。玉子は「仕込み忘れた」のと、ジャガイモは「今、高いから」とのことで、割とフリーダム。

僕は高砂にくてんが念頭にあったので、ジャガイモと牛スジ肉入りを食べたかったが、牛スジ肉は柔らかいものが売れてしまい、ガチガチに硬いのしかなかったので諦めた。そこで選んだのは厚揚げとコンニャク。麺なしを選んだので、重ね焼きになる。焼そば呉スタイルの正統なルールだ。

厚揚げとコンニャクはヘラで小さく刻んで、中に入れる。玉子はどうする？　と訊かれたので、確認するということは入れないのがおすすめかな？　と思って「入れないほうがいいの？」と訊き返すと、具が多いからむつこくなると言われたので、なしにしてもらった。

玉子が一般的ではない時代を知っているからこそのサジェスチョンだ。仕上げは全体を二つ折りにするので、薄い生地に包まれて、大きな餃子型になる。

中に入っているのはキャベツ、モヤシ、青ネギ、豚バラ肉、厚揚げ、コンニャクだ。味的にはコンニャクよりも厚揚げがよく合った。

ここまでの変化球になるとお好み焼っぽくないと感じたが、広義ではこれもお好み焼である。幻のおでん入りを食べることができて感無量だった。


と思っていたら、これまで2度訪れている、呉市音戸町鰯浜「しんちゃん」にもおでん入りがあると呉市のグルメ番長、浦山寧子さんが教えてくれた。過去は2度とも夏だったので気付かなかったのだ。

冬に訪れ、店主におでん入りはできる？　と訊くと「そりゃできるわよー。ジャガイモがいいのよ！」と言われた。

そう、僕はジャガイモ入りが食べたかったのだ。小さめのジャガイモ2個、スジ肉1本、コンニャク1つを入れてもらう。おでんがたくさん入るので麺はなしだ。

ここも焼そば呉スタイルだから重ね焼きで、おでん種はヘラで細かく刻んで入れる。バラ肉はどうする？　と言われたが、スジ肉が入っているのでパスした。食べてみると、味の染みたジャガイモとお好みソースの相性がとてもいい。コンニャクもよく煮てあり、食感がプリプリ過ぎないのがいい。よく煮たコンニャクは食感が肉っぽく感じるのだ。なるほど、昔はなぜコンニャクを入れていたのか、やっと理解できた。屋敷貢一さんがおでんにお好みソースをかけて食べていたというのもわかる。お好みソースの酸味がいい仕事をするのだ。栃木県栃木市でも焼そばにジャガイモを入れるようだし、ジャガイモとソースは確かに合う。

店内におられた地元の常連客に、お好み焼におでんを入れるのって普通ですか？　と訊くと、口々におでんを置いているお好み焼店ならどこでも普通に食べると教えてくれた。

何を入れるかは好みがあるようで、絶対コンニャクという人もいたし、店主はあくまでジャガイモ推しだし、スジ肉が一番という人もいた。

ダシの染みたジャガイモとお好みソースのマリアージュを楽しみつつ思い出したが、この店を最初に訪れたときは、榎酒造の榎真理子さんに教えてもらったのだった。いろんな方の助言で、おでん入りのお好み焼に出合えた。

さらにその後、ついに広島市内でもおでん入りが食べられる店を発見した。広島市西区三篠町「美和」だ。品書きには書いてないが、おでんを年中出していて、お願いすればお好み焼に入れてくれる。元々ご両親がされていた店を息子さんが継いでいて、お母様の実家が音戸町とのこと。「音戸では普通ですね。親族が食べに来たらおでんを鍋から取り出して鉄板の上に置いて、入れて焼いてくれって言われますよ」とのこと。

おでんは真ん中のテーブルに置いてあるので、好きな種を伝えればＯＫ。かつては県内全域で食べられていたお好み焼店のおでんだが、最後の砦が音戸町のようだ。ぼたん焼を命名し、おでん入りが現役で食べられる、お好み焼文化のガラパゴスだ。

おでんトッピングが廃れた理由は、コンニャクを下茹でしてツユで煮て味を染ませて、刻んでお好み焼に入れてもせいぜい１００円にしかならないためだろう。昭和55年（１９８０）創業、尾道市因島中庄町「ひまわり」（閉店）の店主は「（「みその」を知る客から）コンニャクは入れないの？　とよく言われるんだけれど、コンニャクは味が染みにくいでしょ。おでんを仕込んでないと出せないのよ」と言われていた。

入手できる食材のバリエーションが少ないなかで工夫して売っていた時代は、それでも手間をかけて仕込む価値もあったが、何でも売っている時代にそこまで手間をかけるのは効率が悪い。

市販のプロセスチーズのフィルムを剥がして、ペラっと入れるだけで同じ値段ならば、そちらを選ぶのが必然。今のうちにおでん入りお好み焼を堪能してもらいたい。

脱線するが、現在も福山市の古い食堂では、年中旨いおでんを出している。おそらく県内最古の飲食店、新市町「ふく山や」、老舗の元町「自由軒」、大黒町「一福食堂」がそうだ。

さらに特徴的なのは船町「稲田屋」、御幸町「服部屋」、船町「さんが」、三吉町南「村上食堂」、神辺町「紅屋食堂」などの真っ黒のツユに浸った甘いおでんで、何とも言えない味わい深さがある。

しかし、新店で同じようなおでんを提供している店はなく、福山市においても、おでん文化はこのまま消えてしまうのか？　と寂しく感じている。

県外に目を向けると、現在もおでん入りお好み焼を食べている地域がある。兵庫県高砂市のにくてんだ。おでんのジャガイモ、スジ肉、コンニャクを刻んでキャベツや天カスと共に重ね焼きにし、二つ折りで提供する。肉天とは肉の天ぷらのことなので、おでん天が正しいのでは？　と思うが、既に語源がわからなくなっているのだろう。僕はまだ現地で食べていないが、調べた限りでは呉市のおでん入りお好み焼とほぼ同じだった。

ただし、二つの地域に何らかのつながりはないと思う。昔はお好み焼店に限らず、多くの飲食店でおでんを提供していたし、お好み焼に入れて焼いたら旨かったということだろう。瀬戸内海沿岸沿いの一部の地域や店において、傍流ではあるけれどおでん入りのお好み焼が食べられていて、広島県内では絶滅しつつある、というのが正しい認識だろう。

広島市のしょぶりのように勢力拡大しているものもあり、尾道市の砂ズリ、三原市のモツのように地域で根強く愛されているものもあり、三次市の海老天、福山市鞆の浦の魚のすり身揚げ、尾道市の生海鮮、呉市のおでん、尾道市因島町のコンニャクのように絶滅寸前のものもある。時代の流れとはいえ、寂しさも感じる。新しい試みは間違いなく素晴らしいことだが、先人たちの知恵と工夫を振り返り、古きを温めて新しきを知るのもまた面白い。

「おっこん」の干しエビのように、再発見があるのではないかと僕は思うのだ。

CHAPTER 9

お好みソースの深淵

お好み焼を語る上で、欠かせないのがお好みソースだ。

しかし、ＪＡＳ規格（日本農林規格）にお好みソースという区分はない。ウスターソースという区分の中で、粘度が上がると中濃ソース、さらに粘度が上がると濃厚ソースと呼ぶ。お好みソースは濃厚ソースに区分される。

そして、とんかつソースも同じ。ソースと料理の相性によって名前を変えているが、とんかつソースとお好みソースはどちらもウスターソースの中の濃厚ソースというカテゴリーに入るのだ。

作り方もウスターソースをベースにして、野菜や果物を加えることが多い。


戦後は、戦争に負けた反動もあり、米ばかり食べていたから負けた論や、アメリカから輸入する小麦に頼らなければならないという食料施策上の問題から、食事が洋食化し始める。そうすると味噌や醤油ではなく、ソースが使われるようになる。

我が国には日本酒の蔵が各地にあり、その技術を流用して醸造酢の会社も各地にあった。ウスターソースには酢が必要なため、酢を作っていた会社がソース作りを行うようになったのだ。

広島県を代表するオタフクソースも酢からスタートしていて、現在もオタフク酢を製造販売している。

センナリも毛利醸造も同じで、酢を作っていたからウスターソースの製造に進み、その後、お好みソースに展開している。


広島県内には多くのソースメーカーがあるけれど、お好みソースを作り始めた時期はそれほど違わない。食事の洋食化にともない、これからはソースの時代が来ると読んだ人たちがソースベンチャーを興したのだ。ウスターソースは辛くて酸っぱくさらさらと流れてしまうので、甘くてこってりして料理から流れ落ちないソースが求められた。

当時は「旨いは甘い」なので、甘くする必要があったのだ。

オタフクソースのように酢から自分たちで作るところもあれば、材料を買ってきて、ガレージのような場所でソースを炊いていたメーカーもあった。時代が進むにつれ、さまざまな理由で廃業したり、合併したり、譲渡されたりした。高い衛生レベルが求められるようになったこともあり、現在では小規模なソースベンチャーはわずかしか残っていない。

しかし依然として、広島県は全国でも屈指の地ソース激戦区である。広島県内に住んでいる人でも知らないだけだ。僕は調査を進めるなかで、利きソースができるようになった。

ほとんどのお好み焼店は暖簾を見ればどこのソースか書いてあるけれど、書いていない店もあるし、書いてあっても味が違うことがあった。

ある店でいつものようにお好み焼を食べていて、暖簾に某メーカーの名前が書いてあり、ソースポットや小ヘラも同社のものが使われているのに、別のソースの味がした。

あれ、これって〇〇が入ってる？　と訊いたら「見ての通り、ウチのソースはここよ」と言われる。

そうなの？　おかしいなぁ、この味と風味は〇〇っぽいけどなと呟きながら食べていたら、しばらくして「混ぜとる！　なんでわかるんよ！」と怒られた。

同じように、これは〇〇ソースですねと言うと「お母さん！　この人、ウチのソース当てた！」と叫ばれたこともある。

これらの店は、ソースポットやヘラを提供してくれるメーカーを裏切りたくはないが、他店とは味の差別化を図りたいという相反する思いを抱えている。

お好み村の公式ソースはミツワソースが製造するお好み村専用ソースだが、味は店によって結構違う。

その店の機密に関わる部分だし、デリケートな問題を含むので、質問も慎重になる。どこのソースですか？　というオープンクエスチョンはまずアウト。警戒されるだけで教えてくれない。これは〇〇ソースとのブレンドですか？　とクローズドクエスチョンにすれば、首を縦に振ってくれることが多かった。

僕の知らないソースだというところまではわかっても、どこのメーカーなのか当てることができなくて、最後まで教えてもらえなかった店もある。

特に三原市、尾道市、福山市のお好みソース事情は深淵だ。

あまり知られていない地ソースがある上、岡山県の地ソースが使われていることがあるためだ。

なお、ソースはメーカーや製品による味の違いが最大の要因ではあるけれど、その他の要因でも変わる。お好み焼商社ハナキの花木耕一さんによると「ソースは熟成で味が変わる。ウチでも1年寝かせたのをくれという客がいる。置いとくのが大変なんだけどね」と苦笑いされていた。

また、保管状態でも変化する。

ソースポットの中が泡立っているのを見たことがないだろうか。鉄板の近くで温められているソースは、定期的に全て破棄して容器を洗浄しないと、中身が発酵するのだ。大雑把な店では減った分だけ注ぎ足すので、高い確率で発酵して、面白い味になっている。

お腹を壊したことはないので問題ないとは思うが、気になる人は要注意。鉄板の熱でソースの味が変化することに気付いている店では、冷蔵庫で保管する店もある。

ソースが冷たくなってしまうけれど、適切に保管されたソースは風味がくっきりして旨い。広島県内で最も多く使われているオタフクソースのスタンダードな製品は甘いと指摘されることが多いけれど、フレッシュな状態で食べたらマイルドな酸味が効いて、決して甘すぎないことがわかる。ソースの保管状態で味は変わるのだ。

基礎知識を得たところで、お好みソースの濃厚な世界に浸っていただこう。
理解を助けるため、ソースブランド別に説明する。

【オタフクソース】

広島市西区横川町で酒、醤油類の卸小売業を営んでいた大正11年（1922）創業の佐々木商店（現在も営業中）がルーツ。西日本最大のソース会社。昭和25年（1950）にウスターソースを製造販売、お好みソースの販売は昭和27年（1952）から。お好みソースは一種類ではなく、スタンダードな製品以外に専門店ソース、特製ソース、辛口ソース、スパイシーソース、激辛ソース、デラックスソース、やさしさいっぱいお好みソース、カレーソースなどがある。

個人的には専門店ソース、辛口ソース、デラックスソースが旨いと思う。

最もベーシックなお好みソースは重さを感じない軽やかな酸味とデーツの甘味が特徴的で、汎用性が非常に高く、お好み焼以外の料理にも合う。

専門店ソースは「八昌」の小川弘喜さんとその弟子の店で使われている。

辛口ソースは僕が出合った限りでは、広島市西区井口「かっちゃん」、広島市西区庚午中「かっちゃん」、広島市西区庚午南「さっちゃん」、安芸郡府中町「暁」、廿日市市地御前「千富」で使われていた。

デラックスソースは広島市中区富士見町「八誠」以外では見かけたことがない。

さらにさまざまなお好み焼店から委託を受けて、PBソース(プライベートブランドソース)を作っている。さまざまなバージョンの暖簾、ソースポット、小ヘラなどをお好み焼店に提供している。広島のお好み焼を全国区にした立役者の一人だ。

【大福ソース】

毛利醸造をスピンアウトした米田さんという個人が広島県安芸郡府中町で製造販売していたが、平成8年(1996)頃、後継者がおらず廃業することになり、ハナキが販売を引き継ぎ、製造はオタフクソースに委託している。

廿日市「たまる」の創業時、昭和34年(1959)には作られていたとのこと。業務用サイズしかなく、基本は卸売りのみ。ハナキが大福ソースののぼりを製作しており、店頭に掲げている店もある。広島市を中心として県内では20店で確認できた。岩国市など県外でも使っている店もあるようだが、把握できていない。パンチのある味とどっしり感があるソースで個人的にはかなり好み。

・広島市南区皆実町「内ちゃん」
・広島市東区東蟹屋「樺沢」
・安芸郡坂町小屋浦「中劉」
・広島市中区富士見町「もり」
・安芸郡熊野町「びぜんや」
・広島市中区舟入南「一番」
・広島市南区大洲「栄女」
・広島市西区横川町「山藤」
・広島市西区横川新町「庭尾」

・広島市中区十日市「才家」
・広島市中区流川「森の助」
・広島市南区宇品神田「こうさか」
・広島市中区幟町「六坪屋」
・広島市佐伯区坪井「十坪屋」
・広島市西区草津新町「はせ川」
・広島市西区横川町「新」
・廿日市市桜尾本町「たまる」
・廿日市市廿日市「なぎさ」
・大竹市新町「ちこ」
・庄原市板橋町「みっちゃん」

【センナリソース】

昭和2年（1927）創業で、お好みソースの販売は昭和25年（1950）から。

当時は広島市中区広瀬町に会社があった。

広島県内で最初にお好みソースを製造販売したのがセンナリで、お好み村ができる前の新天地屋台時代はメインで使われていた。そのころから現在まで一代で店を続けている「光」では現在もセンナリソースを使っている。

当時はウスターソースにのりを加えて、粘度を高めたものだった。

平成29年(2017)4月から、化学調味料、合成保存料、着色料、甘味料、増粘剤の添加を行わない、無添加に切り替えた。

お好みソースの無添加は健康志向と相性が良く、使用しているお好み焼店が少ないことも差別化につながるため、再び脚光を浴びると個人的に予想している。

長く業務用として卸売りのみだったが、センナリマークを入れてイズミ系列で販売されるようになったことも大きい。

他社のソースに比べてどっしりしているが、酢を強めに感じる。

使用が判明しているのは次の9店。

岩国市周辺にも使っている店があるようだが、十分に調査できていない。

・広島市中区基町「ゆあさ」
・広島市安佐北区可部「ゆあさサンリブ可部店」
・広島市中区光南「光」
・広島市中区光南「しん」
・広島市安佐南区高取北「さっちゃん」
・広島市安佐北区白木町「美樹」
・呉市三条「ポパイ」
・江田島市江田島町「なかね」
・東広島市安芸津町「うどん亭」

【広島ぢゃけん】

センナリが製造販売しているが、ほぼ市販のみ。提携農家の野菜と果物、純米酢、三温糖、自然塩、天然水などを使い低温で製造している。合成保存料、着色料、香料、化学調味料不使用。平成18年（2006）8月に「どっちの料理ショー」の特選素材で取り上げられて大ブレイクした。広島市中区十日市にあったセンナリ直営の「広島ぢゃけん」で使用していたが、現在は閉店。

店舗で使用しているのは広島市安佐南区八木「廣島じゃけん」と広島市中区光南「しん」の2店が確認できている。センナリソース同様、酢を強めに感じる。

【三葉矢ソース】

戦前創業、呉市海岸通にあった森崎本店が製造販売していたソース。昭和52年（1977）に黒瀬工場が火災に遭ったことを機に、センナリへ製造とブランドを譲渡した。非常に希少性が高い幻のソース。あと味の雰囲気が広島市中区八丁堀「肉のますゐ」のドミグラスソース（通称ますゐソース）に少し似ている。

センナリの大地克伸さんいわく、オリジナルのレシピを忠実に守っているとのこと。販売は、竹原市忠海「忠海醤油」、豊田郡大崎上島町「岡本醤油醸造場」、豊田郡大崎上島町「熊佐商店」、岩国市三笠町「池本食品」の4店。現在8店の使用が確認できている。

・呉市中通「やました」
・竹原市竹原町「西川」
・竹原市忠海中町「由起」
・豊田郡大崎上島町「上杉」
・豊田郡大崎上島町「千代」
・岩国市錦見「かたぎり食堂」
・岩国市岩国「たつみ屋」
・岩国市今津町「我道」

【カープソース】

毛利醸造が製造販売している。県内のソースメーカーでは最古の明治2年(1869)創業で、酒造から食酢の製造に移行した。ウスターソースを作り始めたのが昭和5年

（1930）で、お好みソースを作り始めた時期は昭和30年（1955）頃。

当時、広島市中区舟入川口町にあった工場に井畝満夫さんが訪れてお好みソースの仕様についてディスカッションしていたようだ。元々はサクラヤソースと名乗っていたが、昭和35年（1960）カープソースに変更した。

広島東洋カープにちなんだ改名と思いきや、成績不振だったカープではなく、広島城を鯉城《りじょう》と呼ぶので「滝登りする鯉にちなんで付けたようだ」と6代目の毛利宏成さんが中国新聞の取材で答えている。

レギュラーソースと甘口の2種類があるほか、甘さを控えた辛口ソースがあるものの、三次市外ではほとんど見かけない。

現在は三次市で製造されており、県北部及び府中市での使用率が高い。やや辛口でボディーがしっかりしており、府中市のお好み焼を食べて育った僕には最も舌に馴染んだソース。

【福王ソース】

福山市の二井岡政夫さんが製造販売していたが設備的に製造が難しくなり、現在は毛利醸造に製造を委託している。販売は福山市御船町の二井岡商店。昭和28年（1953）に発売されており、県内のお好みソースとしてはセンナリソース、オタフクソースに継ぐ古さ。有限会社二井岡商店は孫の代になっているため、細かなレシピは毛利醸造しかわからないとのこと。こってりして、かなり甘め。

福山市周辺の約60店舗で使用されており、二井岡商店が福王ソースののぼりを制作しているものの店頭に出ていないことが多く、製造元であるカープソースののぼりや暖簾が出ている場合が多い。全ては確認できていないが、独自調査により使われている可能性が高いと思われるのは次の10店。

・福山市三之丸町「小林」
・福山市船町「さんが」
・福山市船町「ときわ」

・福山市南蔵王町「満月」
・福山市川口町「童子」
・福山市箕島町「みのしま」
・福山市山手町「ヨッシー」
・福山市神辺町「あぐら屋」
・福山市駅家町「こな家」
・福山市新市町「てっちゃん」

【ミツワソース】

サンフーズが製造販売している。大正5年(1916)創業の中東商店と、大正13年(1924)創業のミツワソース商会が、昭和48年(1973)に合併して生まれた。広島県におけるウスターソースの製造はミツワソース商会が最古かもしれない。

お好みソースの製造は昭和30年(1955)頃。新天地屋台群へのソース卸をセンナリから中東商店が引き継ぎ、現在も「お好み村」公式ソースを製造している。中東商店のブランドだったヒガシマルソースのラベルが貼られた商品もあるが中身は同じであり、合併前からの取引先の要望に応じてラベルを変えているだけ。通常のミツワソースに加え、唐辛子を加えたちょい辛と激辛、ニンニクを加えたガーリック風味がある。広島県のメジャーソースメーカー4社のなかでは最も素朴な味わいでバランスがいい。胡椒や魚粉などの味付け次第で表情が変わりやすく、利きソースが最も難しい。

【テングソース】

三原市の中間《なかま》醸造が製造販売している。明治11年（1878）に酢の醸造で創業し、お好みソースの製造は昭和30年（1955）から。お好み焼店で使用されているのはほぼ三原市のみだが、近年、広島市でも販売されている。通常のお好みソースの他に、工場でのみ売られている甘口と辛口があり、三原市内数店のお好み焼店で使用されている。

市販されているソースにスパイス類を入れる前が甘口で、市販ソースにスパイス類を追加したものが辛口とのこと。甘さの質に強い特徴があり、利きソースは最も容易。

【びふとんソース】

三原市で作られているレアソース。尾道市久保の老舗「村上」と大阪府のお好み焼店（店名不明）で使われていることだけわかっていたが、現在は尾道市土堂「いけだ」も使用している。また尾道市向島町「いなり食堂」ではブレンドに使用。お好みソースだけでなく、焼そばソースもあるが一般販売は行われておらず卸売りのみ。甘味と酸味の質に特徴がある。

名称がユニークだが似た名前として、大阪蛇ノ目（閉業）がビクトンソースを製造していた。現在は徳島県名西郡石井町、加賀屋醤油が引き継いで製造販売している。何らかの関係があるのか、ただの偶然か、確認できていない。

【サニーソース】

三原市で作られているレアソース。現製造者の祖父の代から約60年の歴史がある。

昔はオリオンソースという名称だった。一般販売は尾道市天満町「樽屋商店」と尾道市因島町土生町「小林商店」の2店のみ。県内で使用している店は尾道市因島土生町「珠里庵」のみ。県外では東京都渋谷区「八じゅう」で使われているようだ。ミツワソースや三葉矢ソースに似ていて、酸味が弱く甘さも少なめ、素朴な味わいのソース。

【自家製ソース】

メーカーに依頼するのではなく、自分で作るという気合いの入った店が4店ある。お好み焼ラバーなら、自家製ソースを味わうためだけに訪れる価値がある。「とんとん」のみ店内で購入できる。

・広島市中区三川町「とんとん」
・広島市中区小町「てんやわんや」
・広島市中区小町「なかき屋」
・広島市佐伯区五日市「春ひ」

次は販売されているPBソースだ。

販売していないPBソースは数多くあるが、入手が可能なもののみ紹介する。

【結晶ソース】

平成25年（2013）頃に作られた新しいソース。PRポスターには駅前ひろばに出店している有志が作ったソースと記載されているが、「そぞ」のフェイスブックにはPBソースと書いてある。製造はセンナリ株式会社。オイスターソース系の旨味、柑橘系の酸味、強めのスパイス感が特徴。

お好み物語駅前広場内「紅屋」で販売されている。把握できた範囲で使っているのは「そぞ」系列店や弟子の店のみ。

・広島市南区松原町「そぞ」
・広島市南区松原町「拾番」
・広島市南区松原町「扇」
・広島市南区松原町「HOPE」
・広島市中区昭和町「MAWASHI-GERI」
・広島市安佐南区伴東「Dスタジアム」

【みっちゃん総本店お好みソース】

「みっちゃん総本店」各店で使われている。店内で購入できる他、インターネットでも販売されている。製造はオタフクソース。

【お好み村ソース】

お好み村の各店で使われている。土産物として売られている他、インターネットでも販売されている。製造はサンフーズ。

【へんくつやソース】

「へんくつや」各店で使われている。店内で購入できる他、インターネットでも販売されている。製造はサンフーズ。

【こにしソース】

大竹市「こにし」で使われている。店内で購入することができる。製造は毛利醸造。

【あそうソース】

尾道市「あそう」で使われている専用ソースで市販もされている。製造は毛利醸造。

【ぶちうまソース】

焼そば専門店「やまもと商店」（福山市多治米町）で使われている専用ソースで市販もされている。ビンゴソースを製造販売している、福山市沼隅町仕出し・弁当「たかの」が製造。

ここからは参考として、広島県内で販売または製造されているソース情報を書いておく。

【広島そだち】

純正食品マルシマ（尾道市東尾道）が製造販売している。国産の野菜や果物を使用。保存料、着色料、香料、酸味料不使用であり、マクロビオティックの理念に基づいて製造されている。自然食品販売の店に置かれていることが多いが、使用している店舗は確認できていない。

【濃厚お好みソース】

広島市内を中心に展開するスーパーマーケットの「フレスタ」がＰＢでお好みソースを販売している。製造はオタフクソース。

【真っ赤なトマトのとんかつソース】

とんかつソースと書いてあるが、お好みソースと同じ濃厚ソース。販売は世羅菜園で、製造は大阪市の大黒屋。

【神石高原トマト仙人中濃ソース】

中濃ソースなので、濃厚ソースとは異なるが、神石高原農業公社が製造販売している。

【ビンゴソース】

福山市沼隈町にある昭和34年（1959）創業の「仕出し・弁当たかの」で製造されているウスターソース。サバの竜田揚げに使うタレということで平成23年（2011）に「さばったれ」という名称で販売を開始したが、平成25年（2013）「ビンゴソース」に改名した。現在はオリジナルのビンゴソースの他、化学調味料、増粘剤、甘味料、着色料無添加の「特選」、辛さを増強した「旨辛」の3種類がある。

残念ながら閉業されたソースメーカーがわかっている範囲で3社ある。

【パピリオソース】

明治20年（1887）に創業した呉市広長浜、「高島本店」で作られていたソース。ソースの製造がいつからで、いつ廃業したのかは不明。

かつては呉市広周辺のお好み焼店で広く使われており、暖簾に蝶のマークが入っていた。親族で元工場長だった方が平成21年（2009）2月に、千葉県流山市で高島醸造を開業し、パピリオソースも製造販売していたが、平成30年（２０１８）４月に製造を中止し、閉業された。

【豊年ソース】

広島市でかつて作られていたソース。閉業年不明。

【王将ソース】

福山市港町付近で製造販売されていた辛口ソース。平成に入ってすぐ閉業したと思われる。

県外になるが岡山県のソースメーカーは次の４社で、備前市日生町のカキオコではタイメイソースの使用率が高い。また、備後地域では岡山県のソースを使う店が時々ある。

【トモエソース】

倉敷市、とら醤油。

【フクスケソース・美和ソース】

倉敷市、倉敷鉱泉。

【タテソース】

倉敷市、豊島屋。

【タイメイソース】

岡山市、solas。

山口県では下関市にカギ印ソースの勝俣商会があるのみ。

ソースがどれだけバリエーション豊富かというのは、お好み焼文化の高さの物差しとして、とてもわかりやすい。

　広島県と並ぶお好み焼県、大阪府と兵庫県にはそれぞれ10種類以上のソースがある。広島県内のメーカー系ソースが11種類なので、ソースのバリエーションにおいても、この3地域が圧倒的であることがわかる。

CHAPTER 10

お好み焼は高いか、安いか？

お好み焼の値段について考えてみよう。

スペシャルと名づけられたお好み焼のように、いろんな具材を入れれば値段はどんどん上がる。

例えばスタイリッシュな空間をコンセプトにしている「みっちゃん総本店 雅」で提供される、雅マーレ・ディップソースはお好みソースの中にタコ、イカ、エビ、ホタテ、フレッシュトマトが入って1500円だ。

そんな豪華なお好み焼の値段を比べても意味がないので、対象にするのは肉玉そば（広島市）、お好みそば（呉市）、モダン焼き（三原市）、肉玉（尾道市）、そば肉玉（府中市）である。呼び名は違えど、肉、玉子、麺入りの広島県内におけるスタンダードなお好み焼のことだ。

僕の感覚だが、広島市内だと紙屋町、八丁堀、流川町、薬研堀辺りは650円から800円くらい。東雲、吉島、宇品辺りの激戦区では500円から高くても600円台が多い。安佐南区や安佐北区の郊外店では600円くらいから700円台までが多いように感じる。

稀に500円のワンコインで食べさせてくれる店があるけれど、探せばもっと安い店がある。そんな驚きのプライスから紹介しよう。

まずは490円。

呉市吉浦「石川」と安芸郡坂町「えん」がこの値段だ。

「石川」はその佇まいが県内ナンバーワン（僕基準）の美しさ。真壁造りの木造家屋に瓦屋根、木の建具に今では幻になったすりガラスがはめてあって、土間に置かれた鉄板台の上でおばちゃんが呉市伝統の焼そば呉スタイルで焼いてくれる。ご近所さんが次々にやってきて、世間話をしながらお好み焼を食べている。こういう景色があと何年続くのだろう？　と思ったら切なくなるほど美しい佇まいなのだ。一人で訪れて、おばちゃんやご近所さんと世間話をしながら、しみじみと味わってほしい。晴れの日がおすすめだけど、雨の日もまた風情があって良いだろう。

「えん」は住宅街のなかにあり、自宅を改造したような店で、焼き方は広島スタンダードスタイル。店内はとても清潔で、ちょこちょこと気配りしてくれるおばちゃんがいて、焼き手は若い男性。この男性の手際が良く、特に麺がもっちりして旨かった。500円以下とは思えないほどのクオリティーだ。

続いて480円。

広島市安佐南区川内「ポパイ」がそうだ。

広島市南区東雲の名店「三八」の修業元である「一休」の流れをくんでいて、ミツワソースやガーリックパウダーなどの共通点がある。焼き方は広島オールドスタイルで、比較的無口なおばちゃんが淡々と、しかしワイルドに焼いてくれる。

470円と460円はなくて、450円が4店。

呉市音戸町「しんちゃん」、呉市豊町「明地商店」、広島市中区土橋「信本」、広島市安芸区矢野「あらたに」だ。「しんちゃん」は前述の通り、焼そば呉スタイル。お好み焼もいいが焼きそばラーメン480円も魅力的だ。

「明地商店」は大崎下島にあり、僕が初めて訪れた平成14年(2002)は350円だった。当時は日用雑貨を売っていた旦那さんも一緒にやっていて、私設の美空ひばり記念館みたいになっている。焼き方は広島オールドスタイルだ。

「信本」は街なかにありながらこの値段を実現している。建物にNOBUMOTOと書いてあるが、店名ではなくビルの名前で、店の看板は出ていない。焼き方はザク切りキャベツを使う広島オールドスタイルだ。

「あらたに」はアーベル矢野店の駐車場のなかにあり、明るくて元気なおばちゃんが焼く、広島オールドスタイル。混ぜ焼き(関西焼と書いてある)もあり、頼む人っているの？と訊いたら「全然おらん！」と言われた。

430円は文化遺産に指定したいほどの佇まいの安芸郡坂町「西谷」だ。店主が90歳で、平成30年7月豪雨で被害を受けられたので、そのまま閉店か……と思っていたら再開されたので驚いた。入口で日用雑貨を売り、中程で駄菓子を売り、漫画の貸本をやり、奥でお好み焼を焼くという最古のスタイルを現在に伝える貴重な店だ。焼き方は広島スタンダードスタイル。

420円もやはり平成30(2018)年7月豪雨で被害を受けた安芸郡坂町坂東「中刎《なかはね》」だ。大声で威勢が良くて、ちゃっきちゃきのおじいちゃんが焼く、モヤシが入らない広島オールドスタイル。「胡椒はよーけかけたんが旨いんじゃ！　若いんじゃけぇえっとかけぇ！」と指示が飛ぶ。大福ソースも珍しい。閉められたという未確認情報あり。

福山市吉津町「さとう」も420円だが、尾道市の影響なのかデフォルトで麺2分の1。1玉だと480円になる。焼き方はフォークで混ぜる、混ぜ焼き福山スタイルだ。

看板がなく、佇まいが普通の住宅なので、暖簾が出ていないとお好み焼店だとわからないので注意。

410円という中途半端な値段の店はなくて、安芸郡坂町鯛尾「柴原」が400円。モヤシが入らない広島オールドスタイルだ。入り組んだ住宅地のなかにあり、常連ばかりだが一見にも温かい。常連になると品書きにないカスタム仕様も可能のようだ。

もう一軒、尾道市向島町「いなり食堂」も400円だが、備後尾道スタイルなので、デフォルトは麺2分の1。1玉だと450円になるが、それでも非常に安い。食堂なのでラーメンやうどんもあり、人気があるようだった。

そして今でも300円代で提供している店がある。広島市安芸区船越「強優賢《つやか》」は、なんと390円だ。昼営業は金土のみだが、明るい女性がテキパキと焼いてくれる。麺にブルドックソースの焼そば用ソースと、自家製の豚骨スープをかけてほぐすのが特徴。

生地の中にも豚骨スープが入っているとのこと。広島スタンダードスタイルだが、豚バラ肉がキャベツとモヤシの間に入る。仕上げはみずみずしい青ネギをのせてくれてこの値段！　さまざまな工夫を凝らしながら、圧倒的に安い。

また、お好み焼だけが安いのではなく、他の料理も総じて安い。近所の人が羨ましい。

広島市佐伯区五日市町石内「愛」も毎月10日と25日は390円だ。

僕はそれ以外の日に訪れたが、安いですねと言うと「この日は肉玉そば推しなんです」とのこと。それ以外の料理は普通通りの値段だが、パリパリ焼、塩ダレ、四川風、ナポリ風、味噌味などバリエーションが豊富。肉玉そばが390円の日でも、それらのアレンジお好み焼を食べる人もいるとのこと。店主がキレイさ、清潔さを大切にしているのがまたいい。

そして現在、僕が知る限り最安値は広島市南区東本浦町「寿々」の380円である。

初めて訪れた平成22年（2010）11月には本浦町の万惣隣にあり、そのときは350円だったので、これでも値上げされたのだ。2枚食べても760円。760円でお好み焼を出している店はいくらでもあるので、他店の半額ということになる。

それってサイズも半分なのでは？　と思うだろうが、決して小さくない、極めて真っ当なお好み焼なのだ。男性二人で切り盛りされていて、びっくりの安さですねと言うと「値上げしたいんだけどね」と言われた。

テレビにも一度出たらしいが、一時的にドッと増えてすぐに来なくなって、混乱するだけなのでもう出ないとのこと。

これを読んで訪れてみようと思った人も、ひっそりと訪れてほしい。

酒のアテも用意されているので、軽く飲んで〆にお好み焼もいいと思う。


そして、ちょっとイレギュラーだが350円の店もある。

福山市桜馬場町「小林」だ。

先の「さとう」と同じ、混ぜ焼き福山スタイルで、麺2分の1なのだ。混ぜ焼きなので、ボリュームは少なめ。穏やかなおばちゃんが一人で黙々と切り盛りしていて、近所の高校生に人気があるようだった。

350円ならコンビニで買い食いするよりも安いから当然だろう。

最後に、現在は700円になっているけれど、かつて250円のお好み焼を出していた店も紹介しよう。

広島市西区楠木町「ようきや本舗」は平成20年（2008）1月まで肉玉そば350円、木曜日は250円だった。

その後、通常450円、木曜日350円でやっていたが、東日本大震災被災地、熊本震災被災地支援のため、現在は700円になっていて、差額は募金しているとのこと。

ここの店主、見ためはヤンチャな感じだが大変な人情家で、差額は間違いなく支援に充てられていると僕は信じている。

今の場所に移転する前、初めて訪れたとき「ウチは初めて？」と訊かれ、何度か振られてやっと入れましたと言うと、黙って豚肉とキャベツの味噌炒めを出してくれた。

高校生らしき若者たちにはラーメンの替玉のように、食べる端から麺を追加で出しているので驚いていると「近所の高校生が部活帰りに来てね。一人6玉食べたりするんだよ。なかには一人で12玉食べる子もおるからねぇ」と笑っていた。

高校生たちは1玉追加されるごとに「あざっす！」と答えていて、いくら食べても無料のようだった。現在地に移転後、再訪時に焼そばの野菜Wを頼もうとすると「野菜Wにするとかなりのボリュームになるよ。大丈夫？」と心配された。

過去の経験からこれはヤバいと感じて普通の焼そばに変更したが、大盛り野菜炒め麺入りと呼ぶのが適切では？　というくらい、野菜たっぷりだった。

お腹をパンパンにしながら頑張って完食したが、帰り際に店主から「野菜は足りましたか？」と言われて大笑いした。そういう義理と人情のおっちゃんなのだ。

では逆に、最も高いお好み焼を出すのはどこか。

値段の指標になるのはお好み村だろう。

現在は810円で統一されている。記録を調べると平成6年（1994）時点で700円だったが、当時は消費税が3％なので、四半世紀で70円程度しか値上がりしていないことになる。最近のお好み焼は高くなったと言う人がいるけれど、決してそんなことはない。その他で800円台は意外と少なくて、竹原市「ほり川」と湯来温泉「ことぶき食堂」が800円だったくらい。

この辺りが第4位グループだ。

僕が調べた限りの第3位は小川さん系列の「八昌」で、864円である。しかし、ご存じの通り「八昌」はどこも一枚がかなり大きい。非常にボリュームがあるので誰も高いとは感じないだろう。

そして第2位は意外なところで大阪市に本店を持つ「千房 広島パセーラ店」の広島お好み焼874円。バラ肉2枚、野菜はかなり控えめな一枚で、なるほど広島お好み焼を大阪的に理解したらこうなるのか！ と発見があった。肉や野菜の主張が控えめな分、生地がもっちりして厚みがあり、主張が強いので、なるほどこれならコナモンと呼べるかもしれないと感じた。

僕は常々、広島お好み焼をコナモンと言われることに違和感があり、それなら唐揚げもコナモンになるのか？　と考えている。要は料理哲学の違いで、粉っぽさをできるだけ減らそうとする広島に対して、大阪では粉っぽさがないとお好み焼らしくないと考えているのだろう。

また、大変ユニークなのは平日限定のランチセットを選ぶと、お好み焼にサラダかおむすびを付けることができるのだ。お好み焼にサラダである。

広島市中区紙屋町「中国飯店」で、炒飯を頼んだら小ライスが付いてきたことを思い出した。広島お好み焼はキャベツ料理なので、そこへキャベツとレタスのサラダを付けるというのは、炒飯に小ライスと同じ感覚だ。

しかし、食べてみて納得。この店の広島お好み焼はコナモンなので、サラダ付きでも違和感がなかった。

また大阪の店なので、甘みが少なく酸味がシャキッとしている特製ソースはマヨネーズとの相性がいい。どんなことでも経験してみると発見があって面白かった。

そして僕の知る限りの最高額は、尾道市久保「萩乃家」と広島市中区堺町「丈」の918円だ。「萩乃家」で肉玉は食べていないが、何を頼んでもイカ天と刺身で食べられるような生イカと生タコが入るので、918円でも全然高くないというか、むしろ安い。アサリやシャコも生を使っており、非常に旨いので、僕はここで肉玉を頼む気にはならない。きっと旨いだろうが、ここまで来たなら海鮮入りを食べたいので、今後も頼むことはないだろう。ちなみに夏ならば小エビ、冬ならば牡蠣入りがおすすめだ。

「丈」は基本、さまざまな工夫を凝らした鉄板焼の店で、厳選素材を使い、他では見かけない面白い鉄板焼きを食べさせてくれる。

一般的なお好み焼店ではないので、夜はワンドリンクオーダー制。昼営業もやっているので、お好み焼だけを食べるなら昼がおすすめだが、お好み焼は時間がかかることもあるようだ。

全ての料理が無化調なので、ソースも同様に徳島県の光ソースが使われている。

ほぼ全てのお好みソースに化学調味料が使われているので、完全無欠の無化調お好み焼は広島県内でここだけだろう。

過去を含めれば、平成19年（2007）4月に閉店した広島市中区流川町「善さん」が平成16年（2004）で800円だった。そのころは広島市中区薬研堀「八鉱」も800円だったが、お好み村と「八昌」が700円なので驚きだった。それよりも高いのは、ホテルグランヴィア広島の地下「ぐらんちゃん」で平成16年（2004）に850円だったが、食べる前に閉店してしまった。

また、広島県のお好み焼史を通じて、現在までの最高額では？　という店があった、というか現在もあるのだが、一時期1400円で出していたけれど、僕が平成13年（2001）3月に食べたときは1200円で、現在は800円になっている。

広島市中区大手町、本通りの原爆ドーム近くのビルの2階「うずしお」で、牡蠣が入るデラックスは今でも2000円だ。

当たり前だが、肉、玉子、麺入りのお好み焼と言っても出来上がる料理は味もボリュームも店によって違うので、500円でも高いと感じる店があれば、800円でも安いと感じる店もある。

ただし、500円以下で提供している店は年配の店主が自宅で値上げせずにやっているケースがほとんどで、常連ばかりだから値上げできていないだけ。

継続性のあるビジネスモデルになっていないのでほとんどの場合、後継者がおらず、いずれ閉店するだろう。

実際、450円の府中市鵜飼町「ひがし」も、430円の広島市南区東雲本町「きくちゃん」も後継者はおらず、閉店した。家賃にもよるが、ビジネスとして成立させるには少なくとも600円台より高くなければならないと感じている。もちろん安いのは嬉しい。

だが値段の安さだけでお好み焼を語るのはあまりに寂しい。安さだけを求めるならば、広島お好み焼の料理的発展はない。

お前の給料は安ければ安いほど良いんだと言われて、よし！　頑張って仕事の品質を上げよう！　と考える人はいない。一枚1000円を超えても構わない。その値段なりの価値があるお好み焼が誕生することを願っている。

CHAPTER 11

お好み焼丼と朝オコを巡る冒険

大阪市ではお好み焼をおかずにご飯を食べる。
広島の人は聞いたことがあっても、試したことがないのではないか。僕もその一人なので、どんなものか試してみた。

調べると混ぜ焼きを提供している、「徳川」グループや福山市「どんでん」にはお好み焼定食があった。

僕は広島市在住なので「徳川」で試しても良かったが、広島市中区八丁堀「おおにし」(閉店)にもあったので、ここでトライした。

店主が大阪育ち、大阪「風の街」出身なので、広島発「徳川」よりは本流に近いと考えたのだ。お好み焼にプラス108円で、ミニサラダ、ドリンク、おかわり自由のご飯と味噌汁が付く。非常にお得な値段設定だ。

これだけ安ければ頼む人が多いでしょ？　と訊いてみると「男性が時々頼まれるくらいで……少ないですね」と苦笑いされた。

やはり広島市民はお好み焼でご飯を食べることに馴染みが薄いようだ。

混ぜ焼きの豚玉を焼いてもらい、ご飯のおかずとして食べたが、うーん……残念ながら好相性とは感じない。

お好み焼はふんわりして真っ当に旨い。しかしご飯のおかずにならないのだ。焼そばをおかずにご飯は食べられるのに、どうしてだろう？　と考えてみると、お好みソースの違いではないかと思い当たった。

焼そばは酸味があるソースを使うが、お好みソース、特に広島のものは総じて甘い。白米はほぼ糖質で甘いため、甘いソースで甘いご飯を食べるのが合わないように感じたのだ。関西のソースは広島に比べて酸味があり、甘さも少なめなので、そういうソースを使い、芥子《からし》マヨネーズなどを追加すればご飯にも合うのではないか。これは本場で試してみる必要がありそうだ。

広島お好み焼はデファクト・スタンダードが麺入りなので、定食を出す店はないと思われがちだが、意外とそうでもない。広島市内で確認できたのは次の通り。

・広島市中区八丁堀「みっちゃん総本店」
・広島市中区東白島町「力丸」
・広島市中区大手町「侍」
・広島市中区羽衣町「ブラウン」
・広島市中区竹屋町「赤とんぼ」
・広島市中区南竹屋町「心平」
探せば、まだたくさんあると思う。

広島でお好み焼定食が広まらない理由は、単体でもボリュームがある上、麺をダブルにするなど量の調整を行うことが可能だから。
最近では野菜、肉、玉子など細かく増量できるので、定食にする必要がないのだ。

そこで僕は閃《ひらめ》いた。
定食じゃなく、丼ならどうか。

お好み焼丼。

出合ったことはないけれど、どこかで出していないだろうか。

肉玉そばの麺をご飯に代えて、肉玉ご飯とか肉玉ライスとして出している店はかなりたくさんある。最も有名なのは広島市南区皆実町「ひらの」だが、これはお好み焼のアレンジであって丼ではない。

ご飯を使ったからといって丼になるのではなく、丼鉢という器が料理の由来なので、それに入っていなければお好み焼丼とは呼べないのだ。

インターネットで調べたら東広島市の小学校給食で出されたようで、広島県教育委員会賞受賞としてレシピが出てきた。豚肉、キャベツ、モヤシの玉子とじ丼で、味付けがお好みソース。麺は入らない。

最近の学校給食は攻めているなぁと思ったが、残念ながら食べることができない。

「どんぶり委員長」(市川ヒロシ作・双葉社刊)という漫画でも似たレシピが紹介されてい

たが、これも漫画のなかだけ。

商業ベースで客に提供するのは勇気がいるのかもしれないと考えていたら、呉市広駅前「ポパイ」を思い出した。ここは肉玉ライスで有名な店だ。土日祝が定休日なのでなかなか食べに行く機会を作ることができず、友人にテークアウトを買ってきてもらった。

ご飯、ふりかけ、焼いた豚バラ肉と玉子、醤油、マヨネーズという男メシ。青ネギすら散らしてなくて、キャベツやモヤシなどの野菜は全くない。

超ジャンクな旨さで、熱々ご飯に焼き立てバラ肉だったらもっと旨かったのだろうと考えながら食べた。

僕は一番人気という醤油味を食べたが、塩とお好みソースも選べる。食べてみると、マヨネーズが重要な役割を果たしていると感じた。マヨネーズの酸味がご飯に合うのだ。

そういえば「おおにし」ではマヨネーズを使わなかった。お好み焼に限らず、僕はマヨネーズをほとんど使わないが、お好み焼をおかずとして食べる場合には必須なのかもしれない。

「ポパイ」の肉玉ライスは、僕の思っているお好み焼丼とは違ったが、一定の納得感があった。

それからしばらくお好み焼丼を忘れていたが、広島市中区千田町の老舗「ドバイー」（閉店）を訪れた際、ドバイ焼丼という料理があることに気付いた。理由は不明だが、この店ではお好み焼のことをドバイ焼と呼んでいて、ドバイ焼定食を出しているので、ドバイ焼丼イコールお好み焼丼に違いない。

運ばれてきた料理がこれだ。

味付けされた豚ミンチ肉とタマネギを玉子でとじ、青ネギを散らして、真ん中にお好みソースがかけてあった。食べてみると豚ミンチがたっぷりで、タマネギの爽やかな甘さが絡まって、真っ当に旨い丼だ。

しかしキャベツが使われていなくて、豚肉とタマネギの玉子とじ丼という感じ。やはりキャベツはご飯と合わないのか……と再確認した。

ちなみに味噌汁、小鉢、漬物、ドリンクが付いて575円と驚きの安さ。閉店が悔やまれる。

お好み焼丼は厳しいか……と半ば諦めていたら意外な場所で出合った。

小谷SA(下り線)をふらふらしていたら「賀茂川荘」の食品サンプルにあったのだ。料理名はThe広島丼。唯一無二なネーミングだ。すぐにその場で調べると発売されて10年以上経つ、人気メニューとのこと。

店頭の食品サンプルをみると豚肉、イカ、エビ、キャベツが使われているようだ。

そして「うどんorそばお好きなセットでどうぞ」とある。

おお！　麺まで入るのか！　と思って確認すると、ミニうどんかミニ蕎麦が付くという意味だった。なんだ、そっちか。ということで、単品でお願いした。

運ばれてきた料理を見て、え？　これ？と思ってしまった。

青海苔とマヨネーズは別添え。ご飯の上に、エビやイカ、豚肉、タマネギが入った玉子とじがのせてあり、上からオタフクソースがかけてあった。キャベツは使われていない。

サンプルと見比べるといろいろ突っ込みど

ころが多いけれど、最も強く思ったのは、これって混ぜ焼きじゃないかということ。
丼種がお好み焼っぽいのは確かだが、全ての具材を混ぜて焼いて(煮て?)ある。広島は基本、重ね焼きなので、お好み焼丼かもしれないが、広島丼は違うだろう。

なかなかないなぁと思ってネットで調べていると「すき家」が2008年と2013年に出していた。5年に一度であれば、2018年に再発売されるかも? と淡い期待を抱いていたら、本当に10月から始まった。

お好み牛玉丼という名前で、お好み焼なの

に牛肉？「すき家」は豚肉も出しているのに……と思ったら、これは中国や台湾で大阪焼牛丼という名前で人気の料理とのこと。

オタフクソースが使われているけれど、大阪お好み焼がベースのようだ。確かにコピーにある「めっちゃうまいやん」は関西弁だ。

大阪のお好み焼は豚玉が基本だと思うが、味的に牛肉のほうが合うということなのか？と考えながら食べてみた。

ダイス状に刻まれたキャベツのシャキシャキ感と芥子マヨネーズが大阪のお好み焼を彷彿とさせる。オタフクソースの主張は控えめ。

写真で見るように、マヨネーズが多い。卵

黄のみ丼にのせ、鰹節をかけたら、一層大阪お好み焼になった。牛肉は牛丼と共通だが、予想したより違和感がない。

よく考えたら、大阪で肉玉と言えば牛肉入りのこと。豚肉の場合は豚玉と言わなければならない。お好み豚玉丼も品書きにあったが、本筋は牛肉ということになるのだろうか。大阪お好み焼を模しているとはいえ、初めてキャベツ入りのお好み焼丼に出合えた。会津若松市のソースかつ丼にキャベツを敷くように、全く合わないわけではないのだ。

混ぜ焼きの丼ばかりで、重ね焼きの丼はないのかな？　と探したらあった。「伝説のすた丼屋」が期間限定で出していたのだ。2018年1月から2カ月間程しか提供されておらず、僕が気付いたときには終了していた。こちらにははっきり広島と書いてある。

食べ逃したのが悔しく、そもそも僕はすた丼未経験だったので、一度は食べてみようと中国地方唯一の店舗、廿日市市ゆめタウンのフードコートを訪れた。

すると、期間限定で終了したはずが、この店限定で販売されているではないか！　名前

も「広島風お好み焼きすた丼」から「広島すた丼」とシンプルになっている。

食べてみると、普通のすた丼ほどニンニクが強くない。キャベツは極細に切られている上、使われている量も少ないので、食べてもわからないレベル。モヤシの主張が強めだった。バラ肉は厚めでたっぷり盛られて味も濃い。

しかし、最も主張したのは天カスだった。普通の天カスとイカ天入りの天カスが使われていて、ジャンクで旨かったが、天カスが最も主張しているというのは微妙だった。

香ばしく焼いた豚バラ肉、お好みソース、

マヨネーズ、生玉子、そして天カスという丼なのだ。

でもまぁ、パーツ的にはお好み焼丼になるのかなと思っていた。地元ではお好み焼があるからやらないよなと思っていたら、この原稿を読んだザメディアジョンの田中朋博さんが、原爆ドーム横の「握手カフェ」にあったよと教えてくれた。えっ？　そんな近くに？　幸せの青い鳥は部屋の中にいるってことか？

「握手カフェ」での名前はオコモコ丼。ハワイのロコモコ丼にかけているようだ。

煮て味付けしたタマネギ、レタス、豚肉、玉子、青ネギを重ねるようにしてご飯の上にのせ、オタフクソースで味付けしてある。重ねるところが広島らしくていい。

キャベツじゃなくてレタスか……と思いながら食べると、適度なシャキシャキ感がありながら、主張しすぎないレタスが予想以上に好相性だった。

キャベツにこだわって味を犠牲にするのではなく、レタスで代替しておいしく食べさ

せるところがセンスいい。お好み焼のパロディー料理ではなく、新しい丼として旨かった。

僕はレギュラーサイズで満足できたし、単品518円と安いのもいい。ちなみにラージ680円やメガ1058円もある。メガを選ぶとすた丼並になるのだろうか。

長い間探し続け、納得できるお好み焼丼を地元で見いだすことができた。ふとした思いつきが発端だが、冷静に考えればムリに丼にしなくても、お好み焼を食べればいい訳で、この料理がメジャーになることは決してないだろう。

だが、どんな遊びも本気でやらないと面白くないので、引き続きお好み焼丼をめぐる冒険を続けるつもりだ。それらしい丼を見つけたらぜひ知らせていただきたい。

お好み焼丼を発見して一時的に好奇心は満足したが、それも長く続かなかった。疑問を持ったのは、10時から開いている店に出合ったときだ。

こんな時間からお好み焼を食べる人っているのかな？　と思ったのだ。

ところが店主が高齢の場合、早い時間から店を開けて、夜営業を行わない店は意外とある。

客もリタイア世代がブランチがてらに食べに来るようだ。

有名店にも開店が早い店はあって、広島市中区幟町「八昌」や「みっちゃん福屋八丁堀店」も10時開店だ。そこで僕は閃《ひらめ》いた。

10時から開いている店があり、昼から夜まで通し営業の店があり、繁華街には夜専門の店がある。これをつなげば24時間、広島県内のどこかでお好み焼が食べられるのではないか？　出張で広島に来て、昼は弁当が出て、夜は懇親会がセットされていて、お好み焼を食べるタイミングがない人にとって、朝から食べられる店はとても嬉しいはず。

少なくとも僕が観光客なら、さすが広島！　朝からお好み焼か！　と呆《あき》れ……じゃなくて感心するだろう。

繁華街の店は夕方から開けて午前3時までが多いけれど、なかには午前5時までやっている店もある。ということは、空白の時間は午前5時から10時までの5時間。

問題は朝だ。

しかし、朝から開いているお好み焼店なんて見たことも聞いたこともない。

僕自身、お好み焼を食べ続けて40年を越えるが、朝ご飯にお好み焼なんて食べたことがない。そもそも朝の6時や7時にお好み焼を食べる人なんているのか？

そこで、朝からやってるお好み焼店を調べると、どこもお好み喫茶だった。頼めば出してくれるのではないか？　と考え、午前8時から営業している広島市中区羽衣町「ブラウン」を訪れると、焼き手の奥様の姿がなく、お好み焼は食べられますか？　と訊くと、ご主人が「朝はモーニングだけなんだけど……」と申し訳なさそうに言われ、モーニングを食べ終わった後も、しきりに「すみませんでした」と恐縮された。

いやいや、ここのモーニングは480円の値段以上に内容が良いし、十分なボリュームがあって、むしろ感謝ですよと伝えて店を出た。

南区宇品海岸にあるお好み喫茶の「フレンド」も午前7時から開いているが、提供はモーニングのみで、お好み焼は11時からだった。

やはり、普通に考えて朝オコはないのか。


しかし、僕は諦めない。

徹底的に、しつこく、普通の人がやらないレベルまで熱狂して追求すると新しい世界が見えてくるからだ。お好み焼丼だって見つけたではないか。早朝から飲食店が開いているのはどこかを考えた。

それなら何といっても市場だろう。県内で最も大きな市場は広島市西区商工センターにある広島市中央卸売市場で、ここにはいくつかの飲食店が入っている。

かつてはお好み焼店があり、食べたことがあるけれど、その店は既に閉店していた。広島中央卸売市場にはない。

では広島市東部市場はどうか。調べると以前、広島市中区十日市「オコノミマン」の支店があった。

僕は十日市時代に食べており、改めて訪れたが閉店しているようだった。なかなか厳しい。その他、ある程度大きな市場があるのは呉市、福山市、尾道市くらいだろうか。調べたり、訪れたりしたが、どこもお好み焼店はなかった。卸売市場そのものの機能が低下しているので、飲食店も逓減《ていげん》しているのだ。

しかし、三次市の三次総合卸センター内「八ちゃん」は平日なら朝営業しているという情報を得た。土日祝は11時からの営業なので、確認するには非常にハードルが高い。情報を得て1年くらい経って、やっと訪れることができた。

9時なのに暖簾が出ていて、おぉ！　と喜んで店に入ると、おばちゃんがタバコを吸いながらテレビを観ていて「ごめんね、昼からなんよ」と言われてしまった。

以前は朝からやってませんでした？　と訊くと「もうやめたんよ」とのこと。このためだけに三次まで来たのに……と思いつつ、おばちゃんに礼を言って店を出た。なかなかハードルが高い

それからしばらくして、広島市中区吉島新町「もみじ」で食べていたとき「ウチは朝からやっていて、近所の年寄りがモーニングを食べに来るんよ」と言われたので、開店時間を確認すると7時半とのこと。まさかお好み焼は出していないよねと訊くと、モーニングがメインだけど、お好み焼も焼くとのこと。

朝からお好み焼を食べる人がいるの？　と驚くと「観光客の人とか食べてよ！」と言われた。

かなりわかりにくい場所にある店なので、ここに観光客が！　とそこにも驚いたが、何はともあれ、朝7時半からお好み焼が食べられる店が見つかった。

もちろん、話を聞くだけではなく、確認のために訪れてみた。が、開いていない。

数カ月後にも再び訪れたが、やはり開いていない。朝営業は止めちゃったのかな？　と思いつつ、それでももう一度訪れると営業していた。

ご高齢ということもあるのか、必ず営業しているという訳ではなさそうだ。


とりあえず「もみじ」というカードは手に入れたが、残念ながら吉島は少し遠い。ここまで足を延ばして、臨時休業だったらダメージは大きい。

多くの人が宿泊する街なかにないものだろうか？　と探していたら広島市中区銀山町「だいごろう」という店が引っかかった。

深夜23時に開店して、朝の8時（LO7時半）まで営業しているというのだ。

本当にそうなの？　と思いながら、朝に訪れた。


清々しくて眩しい日差しのなか、確かに営業中の札が下がっている。

うわー、ホントにやってるよと感心しながら店に入る。前客はゼロで、感じのいい若い兄ちゃんが快く迎えてくれた。おしぼりを渡しながら「お飲み物は！」と言われ、歓楽街だから何か頼むべきだろうかと考えつつ、朝だから水でもいい？　と確認すると「はい！お水で！」と明るく返してくれた。

お好み焼以外にも居酒屋メニューが大量。基本的には居酒屋だが、メインはしっかりお好み焼。屋号を冠しただいごろう焼き（牛肉ミンチ、目玉焼き、ネギかけ）を頼み、朝食なので麺なしでいい？　と言うと快く焼いてくれた。

こんな朝まで客がいるの？　と訊くと「一晩中飲んでウチに来て、昼頃まで飲む人もいますよ～。みんなよく飲みますね～」と笑っていた。

実際、僕が店を出た後、一晩中飲み明かしたと思われる若者たちが店に入って行ったので、一定のニーズがあるようだ。

人生初の朝オコだよと言うと「うわ～、なんか嬉しいっすね～」と明るかった。

ここなら出張や観光の方にもおすすめだ。

そして店の兄ちゃんから衝撃の情報を得た。「近所にウチより営業時間が長い店がありますよ」とのこと。「一日中やってるんじゃないかな?」と言うではないか。
お好み焼の24時間営業!?
そんなの、聞いたことないぞ?

「だいごろう」で朝ご飯を食べた後、その店に行ってみると確かに開いていた。連食は厳しいし、無理に今食べなくても、24時間開いているのならばと思い、改めて昼に訪れた。したらばやはり開いている。
広島市中区薬研堀「とんとん」という店だ。

店に入ると女性二人で切り盛りされていて、歓楽街の店にありがちなスレた殺伐とした感じがない。品書きは鉄板焼きメニューが最も多く、飲んでる人もいた。よく見ると混ぜ焼きがあり、珍しいので頼んでみた。

イカやエビが入ったお好み焼で、すりおろしたヤマイモも入る。

珍しいのはそれをフォークで混ぜること。おぉ！　福山市の流儀だ！　福山市出身かな？　とワクワクして理由を尋ねると「たまたま手元にあったから」と素っ気ない返事が返ってきた。

広島お好み焼に比べると、大阪お好み焼はどうしても小さめだが、エビやイカが入り、豚肉もきっちり使って700円は安い。食べると王道の旨さだった。

僕は大阪お好み焼（広島市内では関西焼）が品書きにあると、しばしば注文するが、これはこれで旨いと思う。

肝心の営業時間を尋ねると「私たちは朝の6時半くらいから16時くらいまでよ」とのこと。私たちは？　と不思議な顔をしていると「夜は別の人がやっていて、よく知らないのよ」とのこと。

おそらく、17時くらいから朝の4時くらいまでやっているのでは？　と言われていた。

つまり、なかの人が替わることで二毛作営業しているのだ。合計すると、24時間営業ではないが21時間半営業になる。間違いなく、広島県内で最も営業時間が長いお好み焼店だ。

それにしても朝の6時半からお好み焼を食べる人がいるのだろうか？　と思って訊いてみると「この辺りは夜に仕事して、朝に終わる人が多いからねー。仕事終わりの一杯なのよ」と言われた。

確かに、三交代の工場周辺にもそういう店はあるし、午前2時くらいから動き始める市場も同じ。でも、それがお好み焼店だというのが広島ならではと感じた。

夜の部を担っている人は会っていないのでわからないが、少なくとも朝から昼の部を担っている女性二人はカラッとした明るい方で、こちらも出張や観光の人が朝からお好み焼を食べに来ても全く問題なし。

がっつり歓楽街だが、朝日のなかで艶めかしさは感じられないし、客引きもいない。

それにしても探せば朝オコってあるんだなと感心させられた。

広島市内に少なくとも3軒ある。定休日がそれぞれ異なるので、24時間お好み焼が食べられる、正真正銘のお好み焼タウンだ。

ただし、朝からお好み焼、特に広島のような大ボリュームの一枚を食べられるのか？という問題はある。僕だってかなり厳しい。

そういう人は広島市内では有名な「アロフト」というパン店に行くといい。本店と光南店は朝7時から開いていて、そこにはお好み焼パンが売られているのだ。

パンの上にキャベツ、玉子、ベーコンを置き、マヨネーズとお好みソースがかかっている。かなりアレンジされているけれど、ちゃんと重ね焼きなところが泣かせる。パンまでお好み焼味かよ、と呆《あき》れながら堪能してほしい。

CHAPTER 12

キャベツ山脈と焼そば・焼うどん

お好み焼にとってキャベツは命。

自分のお好み焼が焼かれているのを見ながら、キャベツが多ければ喜び、少なければ悲しむ人は多いだろう。しかし、多ければいいというものではない。キャベツが多すぎると料理としてのバランスが崩れるのだ。水っぽくなるし、キャベツ臭が強くなりすぎるし、うまく焼けないので生っぽくなりがち。それでもキャベツを増やしたい店はさまざまな工夫を凝らしている。県外の人は、お好み焼って、キャベツ料理だったの？　と思うだろう。いいのだ。

キャベツはどんなにたくさん食べても身体に悪くない。広島県人のキャベツ愛は深い。キャベツが多いことはきっと正義なのだ。

呉市中通「めいじ」は焼き方にさまざまな工夫があるとても面白い店だが、ランチタイムは無料で野菜を大盛りにすることができる。僕は二人で訪れ、一つは普通で、もう一つは野菜大盛で頼んで食べ比べた。

野菜大盛にすると、やや多めではなく、明らかな大盛になる。

そして食べ比べた結果、料理としてのバランスは普通のほうが上だった。野菜大盛のほうが旨ければ、店主もそちらをデフォルトにするはず。野菜は多ければ多いほど嬉しいが、旨さが犠牲になることが多いのだ。


キャベツ大盛の店として、思い浮かぶのは三八系の店。

普通に頼んでもキャベツの量がかなり多く、ボリュームがある。特徴はキャベツが細切りであること。

機械を使ってスライスしている店が多い。

さらに大きな特徴は、全体的にボリュームダウンさせたレディースの設定があること、ダブルを頼むと麺だけでなく、肉も野菜も全て増量されることだ。

僕にはもう、三八式ダブルを食べきる自信がない。そのくらいのボリュームだ。

「三八松浦」はキャベツ大盛が無料という嬉しいサービスを行っているが、キャベツの多さナンバーワンなのは広島市南区東雲「のうみ」だろう。

えっ？　こんなにたくさんのキャベツってムリだよ！　と思うが、しっかり押しつぶすので、最初に思ったよりは多く感じない。ただし、最初に思ったよりは、である。お腹をしっかり空かせて行く必要がある。

八昌系もボリュームがある。

そのなかでも特にキャベツが多いと思うのは「しん八」と「14」だ。

広島市西区南観音「しん八」は、お好み村「八昌」の流れを汲《く》むキング村「八昌」の出身。本流の八昌系ではないが、店主の心意気でキャベツ盛々である。野菜ダブルも可能だが、店主から「ウチは多いので焼くところを見てから決めたほうが……」とやんわり静止が入る。

それくらい盛りがいい。

僕は、ここでお好み焼を頼むときはキャベツ少なめで頼む。デフォルトは多すぎて食べると苦しくなるし、バランス的には少なめくらいがちょうどいいからだ。お好み焼店でキャベツ少なめを注文したのは、生まれて初めてだ。

さらにキャベツの芯の部分を使わない。理由を訊くと「食感が変わるのが嫌なんです。ポリポリしたキャベツが入ってるのって嫌でしょ？　もう一つは甘さ。芯の部分よりも葉の部分のほうがお好み焼としての甘さには適してるんです。芯の部分は確かに甘いです。でもお好み焼には合わない」とのことだった。

芯まで全部刻めばさらに増量できるはずだが、それはやらない。もう少しキャベツを減らしたほうがバランス良くない？　と言うと「それはわかっているけど、旨いキャベツをしっかり食べてもらいたいじゃないですか！」とどこまでもキャベツ愛だった。

広島市中区西平塚町「14」(以前の店名は8兵衛)のキャベツもスゴい。こちらは薬研堀「八昌」出身のようだ。キャベツの量は「しん八」といい勝負、切り幅が太めで食べ応えがある。

僕は野菜肉玉にしてもらったが、普通の店のそば肉玉よりも食べ応えがあり、お腹がパンパンになった。夜から朝方までの営業なので、深夜にキャベツ禁断症状が出たら、ここへピットインすれば大丈夫だ。

三八や八昌の系列じゃなくても、キャベツ盛々の店は他にもある。

広島市西区庚午中「まきつぼ」は大きくて平たいタイプ。ヘラでしっかり押しつぶして平たくするが、キャベツの量が多いためクルマのハンドルみたいなサイズになる。イカ天入りを頼んだら、こちらもたっぷり入るのでおすすめだ。人気店で忙しいが、女性だけで切り盛りされていて親切なのもいい。

広島市中区吉島新町「KAZU」はザク切りのキャベツをたっぷり加える。肉押さえでしっかりプレスし、形は崩れ気味で、ラグビーボールを横にスライスしたような形で提供される。玉子は半熟とか目玉焼きのせとか、細かくリクエストが可能。親娘なのかな？仲の良い女性二人で切り盛りされている。

広島市南区段原「たちこま」も太切りのキャベツをたっぷり使う。豚骨焼そばという珍しい料理があったので、それを頼んだが大量のキャベツ、タマネギ、青ネギのなかから麺を探して食べる感じで、ほとんど野菜炒めだった。もちろんお好み焼もキャベツたっぷり。店主は若い男性だが非常に気前がいい。

広島市安佐北区安佐町久地「幸」は明るくて感じのいい女性が切り盛りする郊外型の名店だ。肉玉そば570円ながら、細切りのキャベツを他店の倍くらい使う。キャベツの量があまりに多いので、キャベツの層だけ上下返しする。量が多いので、そうしないときっちり焼けないのだろう。最後まで横からしか押さえないエアリーなドーム型。ふわふわしてヘラで食べるのはちょっと難しいが、味も素晴らしく旨い。

府中市本山町「きよちゃん」もスゴい。焼き方は備後府中スタイルで、県東部ではナンバーワンのキャベツ量だろう。店主のおばちゃんが豪快で「お客さん初めて？　ウチのは大きいよ！　ここで焼いてるのがダブル」と注文前にけん制された。言われるまでもなく、鉄板で焼かれているお好み焼の山が高い。なかでもダブルは麺だけでなく、キャベツも増量されるようだった。見ただけで白旗を挙げるくらいの迫力がある。

さらに備後府中スタイルだからモヤシが入らない、肉はミンチ肉、麺は蒸し麺なので、ほぼ全てみっちりキャベツなのだ。そのため、他店の倍以上あると思われるキャベツでも何とか食べきることができた。それがたったの500円なのだから本当にありがたい。


そして、広島県を貫くキャベツ山脈のチョモランマが東広島市志和町「しずま」だ。お好み焼は8枚をワンセットで焼く。そのためタイミングが悪ければ、少し待つことになるが、なぜ8枚ずつ焼くのか見ていると理由がわかる。

あまりに桁外れのキャベツ量なので、普通の焼き方ができないのだ。最初に生地を引くが、焼けたら剥がして鉄板の端に置いておく。鉄板に直接バラ肉を置き、ヘラでカットして、キャベツは男性店主の大きな手でどっさり3掴み、他店の4倍近い量を肉の上に置く。置くというよりもキャベツの山を作るというのが正しい。その上に他店と同じくらいの量のモヤシ、計量カップ2杯分の天カスなどをのせて、その山を崩して炒めるようにして焼いていくのだ。

そう、キャベツの量があまりに多いため、全体を混ぜて炒めないと加熱できないのだ。見ていると、そこまでしてこんな大量のキャベツを使わなくても……と考えてしまう。キャベツ全体にしっかり熱が入ったことを試食して確かめ、生地の上に加熱されたキャベツをドサッと置き、その上から玉子を貼り付けた蒸し麺をちょこんとのせる。あまりのボリュームと予想外の手順に、あれ？　お好み焼ってこんな料理だっけ？　と価値観がゲシュタルト崩壊しそうになる。

生地と麺の薄皮に包まれた、巨大なキャベツ餡モナカのようだ。普通の肉玉そばを頼んだだけなのに、僕は途中でギブアップ。残りは持ち帰りにさせてもらった。

いやはや予想を遥かに超えるボリュームでしたと言うと「キャベツ大盛だと1・5倍くらいになりますよ」と言われた。何を言われているのか理解できなくて、いやいや他店の1・5倍どころじゃないでしょ？　と笑ったら、キャベツの大盛指定というのができて、それだと僕が食べたお好み焼の1・5倍になるとのことだった。

しかもキャベツ大盛は無料だと言われるではないか。しかしそれは普通の成人が一度に食べられる量を遥かに超えている。

食べ盛りの男子なら完食できるかもしれないが、普通の大人はまず無理だ。僕なんて普通サイズが食べきれなかったのだから注文する資格がない。

初めて訪れ、興味本位で大盛指定するのは厳に慎んでもらいたい。普通サイズを食べきってから、自信がある人だけチャレンジすること。そんな注意をしなければならないほど圧倒的なのに、肉玉そばが750円。この値段で出してくれる店主の心意気に、礼を失するのは避けたい。少食な人は持ち帰りが吉。一枚を二人で食べてもお腹一杯になれるだろう。

少し昔話をする。

平成19年(2007)2月に閉店した広島市安佐北区可部「旭屋」も大したボリュームだった。広島オールドスタイルで、キャベツ山盛でひっくり返す。店主がご高齢で閉店されたようだ。

一昔前に広島大学の学生だった人たちに伝説なのが、広島市中区東千田町「松浦」だ。

ここは平成14年（2002）5月頃、閉店されたと思う。キャベツ半玉くらいにザクザクと包丁を入れて、ほとんどほぐさずに鉄板にのせて焼いていく、衝撃的なお好み焼だった。生地も使わず、重石をのせてじっくり焼く。ほぐしてないのでキャベツは重なったままで、密度の高いお好み焼だった。身内の介護のために閉店されたと聞いた。

たっぷりのキャベツで僕たちを楽しませてくれている店も永遠ではない。一期一会とは、この機会は二度と訪れないかもしれないという気持ちで、互いに接することをいう。決して食べ散らかすことのないよう、一枚一会でキャベツの正義を楽しんでもらいたい。

最後に少し脱線して、焼そばと焼うどんについても考察しておこう。

広島県のお好み焼の一形態として焼そばスタイルがあるように、お好み焼と焼そば・焼うどんは親戚のようなものである。お好み焼店で、焼そば・焼うどんを出していない店のほうが少ないだろう。

ただ、焼そば・焼うどんはお好み焼よりも少し安価であることが多く、お好み焼よりも簡単な料理として認識されているようだ。

しかしその認識は正しいのか？

焼そばという料理は、中国料理の炒麺《チャーメン》がルーツなので、歴史は紀元前までさかのぼる。漫画「キングダム」（原泰久作・集英社刊）の時代には食べられていた可能性が高い。焼そばの味付けにソースを使ったのは、おそらくウスターソースの誕生と同じころ、明治後期だろう。

そのためさまざまにローカライズされたいわゆる「ご当地焼そば」が生まれている。成立の形態は、元祖となる人気店があり、その特徴を周囲の店が真似《まね》ることによってご当地化したケースが多い。

尾道ラーメンがそうであるように、ほとんどのローカルフードはこのようにして生まれる。

しかし、ご当地焼そばは東日本に多く、西日本にはほとんどない。戦後、安価になったアメリカ産の強力粉（メリケン粉）からカロリーを摂取する際、東日本はベースとなる一銭洋食が食べられていなかったので、焼そばにして食べるようになったのではないかと僕は考えている。

強力粉の食べ方として、東日本では焼そばに、一銭洋食の基盤があった広島や西日本の一部地域ではお好み焼になったのだ。

お好み焼が支配的な広島県に焼そば専門店はあるだろうか。

僕の知る限り4店ある。

広島市中区八丁堀「嬉一」は焼そば以外の料理も増えてきたが、基本は焼そば専門店で、大分県の日田焼そばの元祖「想夫恋」で修業されている。

焦がし焼そばと書いてある通り、狐色に焦げるくらいしっかり焼いた麺にオリジナルのソースが染みて、最初はポリポリするほど硬めだが、次第にしんなりしてくる。

味付けはウスターソースっぽいがかなり和風寄りで、醤油やダシの味が効いている。ユニークな料理だが焼そば好きなら旨さがわかると思う。

食事として食べるのもいいが、香ばしいのでビールを飲みながら食べると最高だ。

また、2019年3月に大阪市の焼そば専門店「水ト」が広島市南区的場町に進出した。鉄板ではなく、中華鍋で炒めて作る焼そばで、ソース、塩、ドラゴン（韓国唐辛子入り）のほかに、仙台名物だという麻婆焼そばもあった。仙台にそんな名物があったなんて！と驚きつつ、スタンダードなソース焼そばを食べた。目玉焼きではなく半熟玉子と、大阪らしく紅生姜も添えてある。太めの麺だが思ったよりコシが強くなく、最近はこういうのが人気なのかと感じた。そしてやはり、甘さ控えめで濃度があるソースが大阪らしくて良かった。

残り2店は福山市にある。

有名なのは福山市多治米町「やまもと商店」で、もち麦を使った太麺の焼そばを提供している。もちもちして表面が柔らかい太麺に中濃のぶちうまソースがねっとり絡む濃い味付け。豚肉、キャベツ、モヤシが入っているが、麺とソースの主張が強い。

単品で食べると味が濃く感じられるので、ビールがほしくなるが、僕はビールよりもご飯が合うと思う。品書きにもご飯とのセットが用意されているので魅力的だ。

もう1店は知る人ぞ知る老舗で、福山市三吉町南「村上食堂」だ。焼うどんもあるが、注文が多いのは圧倒的に焼そば。ご飯もあるが食べている人はあまりいなくて、真っ黒な汁に浸かったおでんの人気が高い。

福山市の老舗特有の黒くて甘いおでんだ。

焼そばが出来上がるまで、このおでんを食べるのだ。焼そばは普通、大、特大とあるが、最初は普通にしておいたほうがいい。同じ味なので食べ飽きるからだ。

味付けはオタフクソースベースとのことだが、いろいろ加えているのか、古い洋食店のドミグラスソースのような味わいがある。

麺は短く切れてモソモソで、店も料理もレトロな雰囲気だ。

「水ト」と「村上食堂」は少し違うが「嬉一」と「やまもと商店」は麺が特長的。焼そばはお好み焼よりも、麺にフォーカスした料理だと思う。お好み焼は麺なしが可能だが、焼そばはムリなので当然とも言える。

せっかくなので焼そばが旨いお好み焼店も紹介しよう。

まずは、広島市中区三川町「とんとん」と広島市中区本川町「とん平」だ。どちらも基本、大阪お好み焼を提供していて親族である。

「とんとん」の大将が昭和37年（1962）に「とん平」として開店し、広島市中区基町アクア内で営業していたときに広島お好み焼も出すようにしたのを機に「とんとん」へ店名変更した。

ここの焼そばは太麺を使っていて、ソースの粘度が低く、比較的キリッとしていて旨いのだ。

「とんとん」は自家製ソース主体の味付けで、「とん平」はウスターソース主体のようだ。

広島市佐伯区五日市中央「春ひ」のモヤシ焼そばも旨い。数量限定なのはなぜだろう思ったら、モヤシの根髭《ひげ》が全部除いてあった。モヤシの処理に手間と時間がかかるので、数は出せないようだ。自家製ソースでパリッと焼いた麺にシャキシャキのモヤシが好相性。キャベツは使わない、この店のオリジナル料理だ。

もう少し焼そばトリビアを続けよう。

本格インド料理の店には焼そばがある。

そんなバカな！　と思われるかもしれないが本当だ。

インドは中国に接しているので文化的な接触がある。日本が中国から多大な料理的影響を受けたように、インドも中国料理の影響を受けているのだ。

また、我が国でインド料理店を営むのは隣国のネパール人が多く、インドと中国に挟まれたネパールでも焼そばを食べる。どんな大衆食堂にも置いてあるそうだ。

名前はチョウメン（炒麺《チャーメン》から転訛）だ。

インドやネパールで食べられている料理なので、我々にはカレー焼そばと感じられる。店によって作り方が全然違うので、食べ比べると面白い。

麺はフニャフニャでコシのないものが使われていることが多いが、現地でもそうらしいので、そのほうが本格的ということだろう。

僕が食べたなかで最も旨かったのは、広島市中区大手町「ラージカレー」のチキンハカヌードル(こういう呼び名もある)で、炒めた麺の上に揚げた麺が散らしてあった。タイ料理のカオソーイのような工夫でクリスピーな食感がいいアクセントになっていた。焼そば好きならば、チョウメンの食べ歩きも面白いだろう。

焼そばを止めた店も多い。

広島市中区猫屋町「かんらん車」も、広島市佐伯区五日市駅前「ぼう。」も旨かったのに止めてしまった。広島市南区東雲本町「三八」も、昔は暇なときなら出してくれることもあったようだが、今は完全に止めている。

お好み焼より鉄板の占有面積が広く、ソースを全体に絡めて焼くので、ソースが鉄板にこびりついて調理後の掃除にリソースを取られる。それなのにお好み焼よりも値段が安かったら、止める店があるのは当然だ。

ちなみに裏技だが、皿ではなく鉄板に置いてもらって、直に箸で食べると常に熱々で、後半には麺がパリッと焼けてとても旨い。調理でも鉄板が汚れ、食べるときも鉄板が汚れるので、通常は間違いなく嫌がられる。馴染みの店で忙しくないときにお願いしてみるといい。お好み焼だけでなく焼そばも、鉄板から食べるのが旨いとわかるだろう。


次は焼うどんだ。

元祖は諸説あり、福岡県北九州市小倉北区「だるま堂」が有名だ。

しかし、この店が焼そばを模して提供したのが昭和20年（1945）頃とのことなので、あまりに歴史が浅い。うどんは中華麺よりも歴史が古く、江戸時代前期の1600年代には現在と同様のうどんが食べられていたので、茹で時間の長いうどんを炒めることで温め直して食べる料理は、相当古くから食べられていただろう。僕が記録を探せていないだけで、少なくとも明治から大正時代には食べられていたと思われる。

では焼うどん専門店はあるか。

それはないでしょ！　と思われるだろうが、実はある。

広島市南区皆実町「一力」は、ホルモン焼うどんの専門店だ。

とはいえ、ホルモン焼うどんというメニューはない。ホルモン、ミノ、肝、心臓、豚などが用意されていて、うどんと一緒に注文したら野菜と一緒に炒めてくれる。ホルモンは好きな部位を複数入れてもいいし、うどんを2玉にしてもいい。

これは兵庫県佐用郡佐用町の流儀で、広島のお好み焼店と同じ注文スタイル。お好み焼店で「お好み焼一つ！」と注文しないのと同じ。豚とミノをうどん1玉で作ってくださいと指定するのだ。店主は兵庫県佐用郡佐用町の老舗「一力」の三代目になられる。

本店は二代目が切り盛りされているが、三代目は広島市に店を出しているのだ。

ホルモンと野菜を炒めたらすぐに少し平たいうどんを加え、一気に炒めて出来上がり。

味付けはほとんどされていないが、焼肉のタレに似た、独特のつけダレに浸けながら食べる。皿盛りではなく、鉄板に直接置いてあり、うどんがホルモンの脂を纏ってコク深い。少しゴワゴワしているが、水っぽさやブヨブヨ感がなく、表面がツルリとしているので食味が良く、中盤以降は鉄板で少し焦げたのがまた旨い。

元々はホルモンの鉄板焼きを出していて、シメにうどんを食べていたが、一緒に炒めて出すようになったものらしい。そのため、ホルモンだけを先に焼いてもらってお酒と合わせて、〆にホルモン焼うどんを食べることもできる。

佐用町まで行かなくても本場の味が楽しめるのは嬉しい。昼営業もしているし、住宅街にあって明るく、酒場っぽくないので女性にもおすすめだ。

圧倒的に多いお好み焼店に埋もれてしまいがちだが、広島にも旨い焼そばや焼うどんがある。

お好み焼の親戚のような料理なので、これらも楽しんでもらいたい。

あとがき

僕は危機感を持っている。

お好み焼は広島県民のソウルフードと言いながら、どいつもこいつも全然食べていないないではないか。

昼休憩が45分に短縮され、焼くのに時間がかかるお好み焼は敬遠されるようになった。

衣服に匂いがつくから嫌だという人が増えた。

鉄板前の熱さを嫌がる人もいる。

さまざまな理由で住民がお好み焼を食べなくなっているのだ。

特に若い世代が顕著で、彼らはコンビニへ流れている。

元々、広島のお好み焼店は駄菓子販売や貸本をやり、おでんも置き、コンビニの原型のような営業形態だった。今のコンビニは清潔感があって洗練されているし、濃密で複雑なコミュニケーションもない。お手軽に利用できるので若者の気持ちもよくわかるが、子どものころにお好み焼を食べなかった大人は、きっと自分の子どもにもお好み焼を食べさせない。そして、お好み焼を食べに行って、若者を見かけることはほとんどない。

お好み焼店の数もかつては2000店以上あったが、現在は1500〜1600店ほどに減っている。これからも年間80店くらいのペースで減り続けるだろう。住宅街で安価に提供している店は家賃が不要だからできているだけで、よほどの人気店でなければ後継者はいない。繁華街の店は、お好み焼店というより鉄板焼店になっている。構造的な問題として、家賃を考えると客単価を上げるために酒類を提供し、アテも出して売上を立てないと店が続けられないからだ。このままお好み焼は夜の料理になってしまうのか。

時代は移り変わり、昔のように焼けば焼くだけ売れる時代はとっくに終わった。広島お好み焼界の将来は、決してバラ色ではないのだ。

しかし、僕はお好み焼が好きだ。

子どものころよりも、料理としての完成度は向上して旨くなっている。それなのに食べられる頻度が落ちているなんて悲しい。僕を育ててくれたお好み焼に恩返しがしたい。そのためには何が必要か……。

フランスの画家ポール・ゴーギャンの代表作に『我々はどこからきたのか。我々は何者か。我々はどこへ行くのか』という作品がある。どこへ向かって行くのかを考えるとき、我々はどこから来たのかを知らなければならない。つまり、歴史を明らかにする必要があった。

平成15年に発行された「広島仁義あり、麺々」は「今、お好み焼を調べないと、本当のことがわからなくなってしまうぞ！」と熱く語る僕の熱に当てられた友人が編集長を務めて製作された。今読んでも名著だが、僕の熱狂は収まらなかった。
そのころから少しずつ調査を続け、5年ほど前から本にまとめるつもりで本格的に調べるようになった。平成30年（2018）3月に広島県庁を辞め、調査と執筆のペースを上げて、やっと完成させることができた。足かけ18年もかかってしまい、昭和の話が中心なのに、平成が終わって令和が訪れてしまった。それがこの本だ。

それでもまだ不完全な部分があるし、調査不足による誤りもあるだろうが、広島県のお好み焼正史を作る試みとして、一定の目的は達成できた。多くの人がお好み焼に興味を持ち、僕たちのソウルフードをもっと食べよう！　と思ってくれたら、これに勝る喜びはない。

地域によって差はあるだろうが、広島県のお好み焼が今の形になって約70年。料理としての歴史は浅く、まだまだ進化の余地がある。もっとおいしく、もっと楽しくなるはずだ。僕はお好み焼の可能性を信じている。

関係図 ～みっちゃん系～

- みっちゃん (旧美笠屋)
  広島市中区新天地
- 新天地みっちゃん
  広島市中区新天地
  - 潤
    広島市西区草津浜町
  - みっちゃん仙川本店
    東京都調布市
- みっちゃん太田屋
  広島市中区橋本町
- みっちゃんいせや
  広島県内 3 店
  - 胡桃屋
    広島市中区八丁堀
- みっちゃん総本店
  広島県内 7 店
  - まるめん
    広島市東区東蟹屋町
    - 三幸
      広島市安佐南区西原
    - 登きや
      広島市中区白島中町
  - ぼう。
    広島市佐伯区五日市駅前
  - よっちゃん
    広島市中区基町
  - みっちゃん横川店
    広島市西区打越町
    - みっちゃん横川店分家
      広島市中区中島町
  - いっちゃん本店
    広島市東区光町
    - いっちゃん (ASSE)
      広島市南区松原町
    - いっちゃん (ekie)
      広島市南区松原町
  - かんらん車
    広島市中区猫屋町
  - かっくん
    広島市中区舟入幸町
    - かっくん
      広島市南区元宇品町
  - 貴家。
    広島市中区富士見町
    - 貴家。ASSE 店
      広島市南区松原町
    - 貴家。LECT 店
      広島市西区扇
    - ユキちゃん
      広島市南区上東雲町
  - くらはち
    広島市中区流川町
  - えんまる
    福山市元町
  - HIDE 坊新橋本店
    東京都港区
    - HIDE 坊神田店
      東京都千代田区
  - 広島風お好み焼き本舗
    愛知県名古屋市
  - やすおか
    愛知県愛知郡
  - かっちゃん
    福島県福島市
  - 天照
    愛媛県今治市
  - ええじゃろ
    熊本県熊本市
  - かたおか
    宮崎県宮崎市
  - 湧登
    静岡県静岡市

関係図 ～八昌系～

- ちいちゃん（広島市中区新天地）
- たけのこ（広島市中区新天地）
  - 村長の店（広島市中区新天地）
- 紀乃国屋ぶんちゃん（広島市南区松原町）
- 元祖八昌（広島市中区竹屋町）
  - ゆりちゃん（広島市安佐南区沼田町伴中央）
- 八昌薬研堀（広島市中区薬研堀）
  - 八昌五日市（広島市佐伯区五日市中央）
    - 八昌幟町（広島市中区幟町）
    - 義（広島市佐伯区五日市）
  - 八昌西広島駅前（広島市西区己斐本町）
  - ロペズ（広島市西区楠木町）
    - Masaru（広島市東区光町）
    - やまさ家（広島市安佐南区高取北）
    - FUWATTRO（広島市南区大須賀町）
    - TETSUJIRO（廿日市市大東）
    - 栞（東広島市西条町）
    - くらげ（東広島市西条中央）
    - じだん（広島市東区馬木）
    - ユキちゃん（広島市南区上東雲町）
    - おこたろう（東京都葛飾区）
  - 得（広島市西区横川町）
  - 八戒（広島市中区新天地）
  - いまだ（広島市安芸区船越南）
  - 八鉱（広島市中区薬研堀）
    - 八誠（広島市中区富士見町）
      - はっせい船町。（福山市船町）
    - 樂（愛媛県松山市）
  - 亀八（広島市安佐北区亀山）
  - たかのばし八昌（広島市中区胡町）
    - 八昌談（広島市南区松原町）
      - 初（広島市中区小網町）
  - えんじゃ（安芸郡府中町）
    - なかまた（広島市中区田中町）
  - 八峯（広島市南区出汐）
    - 八峯（広島市南区松原町）
  - 晋（広島市安佐南区山本）
  - 14（広島市中区西平塚町）
  - ササキショップ（呉市宮原）
  - そば玉や（山口県岩国市）
  - 八昌（東京都世田谷区）
    - カンラン（東京都杉並区）
    - 剛毅（東京都世田谷区）
  - ひな（東京都荒川区）
  - 八昌（愛知県名古屋市）
  - 博多八昌西新店（福岡県福岡市）
    - 博多八昌天神店（福岡県福岡市）

関係図 ～三八系～

一休
広島市安佐南区山本
ポパイ
広島市安佐南区川内
風々(閉店)
広島市安佐南区大塚西
薫風
広島市安佐南区緑井
三八
広島市南区東雲本町
ひだか
広島市南区霞
JYU2
広島市東区東蟹屋町
三八のうみ
広島市南区東雲
三八深川
広島市安佐北区小河原町
三八博多
福岡県福岡市
三八松浦
山県郡北広島町
三八松浦海田店
安芸郡海田町
喜・幸・屋
広島市安佐南区祇園
三八秀
岡山県総社市
三八高陽
広島市安佐北区口田
サンＱ
広島市西区高須
こてつ
東広島市西条土与丸
ミカヅキ
広島市中区加古町
三八姫路本店
兵庫県姫路市

関係図 〜へんくつや系・ひらの系〜

◎ へんくつや

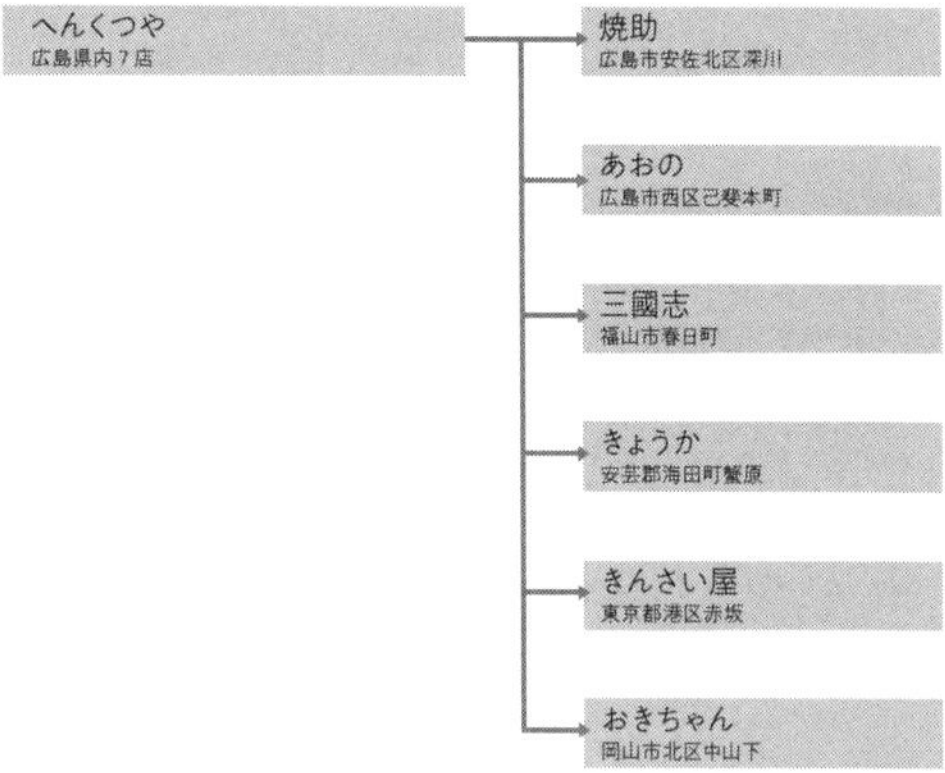

◎ ひらの

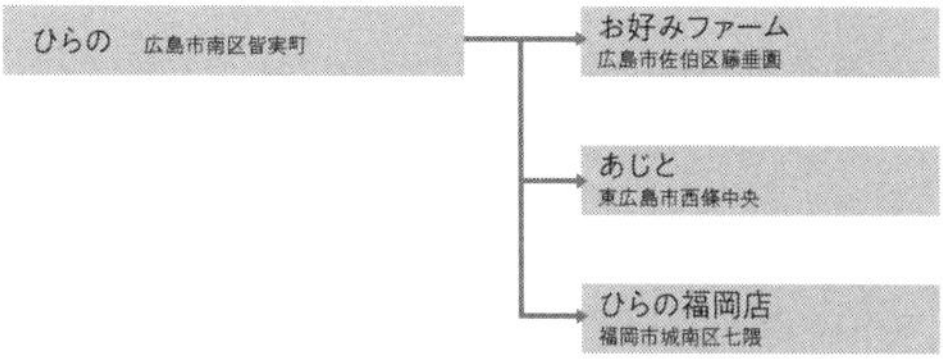

● 昭和 41 年(1966)：新ちゃん(お好み村)スタンダード・ミツワ
● 昭和 41 年(1966)：なみや(南区霞)スタンダード・オタフク
● 昭和 41 年(1966)：ひろしちゃん(南区東本浦)混ぜ焼き・オタフク
● 昭和 42 年(1967)：ほていや(西区三篠町)備後スタイルに近い変形スタンダード・オタフク
● 昭和 42 年(1967)：かどや(海田町)オールド・ウスターで下味・オタフク
● 昭和 42 年(1967)：うえだ(尾道市因島)オールド・ミツワ
● 昭和 42 年(1967)：のんきや(南区宇品神田)スタンダード・オタフク
● 昭和 43 年(1968)：福永(東区温品)オールド・オタフク
● 昭和 43 年(1968)：お多福(安芸高田市吉田町)スタンダード・オタフク
● 昭和 43 年(1968)：寿(東広島市八本松)オールド・オタフク
● 昭和 44 年(1969)：かみむら(矢野)焼そば呉・オタフク
● 昭和 44 年(1969)：道面(呉市仁方)焼そば呉・オタフク
● 昭和 44 年(1969)：大好(馬木)スタンダード・オタフク
● 昭和 45 年(1970)：やま乃屋(呉市天応・旧きよおか商店)スタンダード・オタフク
● 昭和 45 年(1970)：仔ぐま(佐伯区楽々園)オールド・オタフク
● 昭和 46 年(1971)：八昌(幟町)スタンダード・オタフク
● 昭和 46 年(1971)：里味(安芸区上瀬野)オールド・オタフク
● 昭和 46 年(1971)：備中屋(安芸区)オールド・オタフク
● 昭和 46 年(1971)：小林(福山市桜馬場町)混ぜ焼き・オタフク
● 昭和 46 年(1971)：石川(呉市吉浦)焼そば呉・オタフク
● 昭和 47 年(1972)：タキ(大竹市)スタンダード・オタフク
● 昭和 47 年(1972)：かとう(安芸郡府中町)オールド・オタフク
● 昭和 47 年(1972)：かやはら(安佐南区川内)スタンダードの尾道的変形・オタフク
● 昭和 47 年(1972)：しもむら(南区大須)オールド・オタフク
● 昭和 47 年(1972)：ぽてじゅ(呉市)混ぜ焼き・バタヤソース
● 昭和 47 年(1972)：御幸(竹原市)焼そば三原・オタフク
● 昭和 48 年(1973)：一休(山本)オールド・ミツワ
● 昭和 48 年(1973)：チヅル(吉島新町)オールド・オタフク
● 昭和 48 年(1973)：照(江田島市)焼そば三原・カープ
● 昭和 49 年(1974)：ドバイー(千田町)オールド・オタフク
● 昭和 50 年(1975)：三八(東雲)オールド・ミツワ
● 昭和 50 年(1975)：こころ(尾道市)備後尾道・オタフク
● 昭和 50 年(1975)：なおき(南観音)オールド・オタフク
● 昭和 50 年(1975)：中刎(坂町)オールド(モヤシなし)・大福
● 昭和 50 年(1975)：水軍(お好み村)スタンダード・ミツワ
● 昭和 51 年(1976)：かどや(宇品)オールド→焼そば呉→スタンダード・オタフク
● 昭和 51 年(1976)：藤本(呉市吉浦)焼そば呉・オタフク
● 昭和 51 年(1976)：くらおか(西区大宮)オールド・オタフク
● 昭和 51 年(1976)：柴原(安芸郡坂町)オールド・オタフク
● 昭和 51 年(1976)：ふくがうち(安芸郡熊野町)オールド・オタフク
● 昭和 51 年(1976)：まきつぼ(西区庚午中)スタンダード・ミツワ
● 昭和 51 年(1976)：ちこ(大竹市)オールド・大福
● 昭和 51 年(1976)：カープ(お好み村)スタンダード・ミツワ
● 昭和 51 年(1976)：いなさき(東千田町)スタンダード・オタフク
● 昭和 51 年(1976)：フレンド(宇品海岸)スタンダード・オタフク
● 昭和 51 年(1976)：九ちゃん(三次市)焼そば呉・カープ
● 昭和 52 年(1977)：やっちゃん(舟入南町)オールド・オタフク
● 昭和 52 年(1977)：大福(南区大須賀)オールド・オタフク
● 昭和 52 年(1977)：宝来屋(三次市)スタンダード・カープ
● 昭和 52 年(1977)：松尾(佐伯区五月が丘)スタンダード・オタフク
● 昭和 53 年(1978)：優(南区旭町)オールド・オタフク
● 昭和 53 年(1978)：山本(尾道市吉和元町)オールド・フクスケ

巻末付録　老舗お好み焼店・創業年・焼き方・ソース一覧表

- 昭和 25 年(1950)：みっちゃん総本店(八丁堀)スタンダード・PB オタフク
- 昭和 25 年(1950)：のぐち(尾道市)備後尾道・オタフク
- 昭和 26 年(1951)：ちいちゃん(お好み村)スタンダード・ミツワ
- 昭和 26 年(1951)：桃太郎(お好み村)スタンダード・ミツワ
- 昭和 26 年(1951)：さらしな(お好み村)スタンダード・ミツワ
- 昭和 27 年(1952)：小林(福山市三之丸町)混ぜ焼き・カープ&福王
- 昭和 29 年(1954)：小西(大竹市)スタンダード・PB カープ
- 昭和 29 年(1954)：西谷(坂町小屋浦)スタンダード・オタフク
- 昭和 29 年(1954)：へんくつや(新天地)スタンダード・PB ミツワ
- 昭和 30 年(1955)：よし(東広島市西条)オールド・オタフク
- 昭和 30 年(1955)：光(光南)スタンダード・センナリ
- 昭和 30 年(1955)：政ちゃん(宇品)スタンダード・オタフク
- 昭和 30 年(1955)：かじもと(江波)前期スタンダード・オタフク
- 昭和 30 年(1955)：なぎさ(廿日市市)スタンダード・大福
- 昭和 30 年(1955)：やました(呉市)焼そば呉・三葉矢
- 昭和 30 年(1955)：元祖八昌(竹屋町)スタンダード・ミツワ
- 昭和 31 年(1956)：村上(尾道市)備後尾道・びふとん
- 昭和 31 年(1956)：のむら(東広島市白市)スタンダード・ミツワ
- 昭和 32 年(1957)：さざんか(己斐)オールド・オタフク
- 昭和 32 年(1957)：麗ちゃん(広島駅ビル)スタンダード・カープ
- 昭和 33 年(1958)：平の家(府中市)オールド・オタフク
- 昭和 33 年(1958)：越田(流川町)スタンダード・オタフク
- 昭和 33 年(1958)：たまる(廿日市市)オールド・大福
- 昭和 34 年(1959)：塩出商店(福山市神辺町)混ぜ焼き・オタフク
- 昭和 35 年(1960)：萩乃家(尾道市・1947 創業時は鮨店)混ぜ焼き→備後尾道・PB オタフク
- 昭和 35 年(1960)：石崎(昭和町)スタンダード・オタフク
- 昭和 36 年(1961)：古川食堂(府中市)備後府中・カープ
- 昭和 36 年(1961)：ことぶき食堂(佐伯区湯来)スタンダード・オタフク
- 昭和 36 年(1961)：増田(西区草津浜町)オールド・オタフク
- 昭和 37 年(1962)：もり(地蔵通り)オールド・大福
- 昭和 37 年(1962)：とんとん(並木通り(元の店名は「とん平」)混ぜ焼き・自家製ソース
- 昭和 37 年(1962)：若貴(本通り)スタンダード・カープ
- 昭和 37 年(1962)：さんかい(仮称)(呉市豊浜町)オールド・オタフク
- 昭和 37 年(1962)：正木食堂(庄原市)変形備後・カープ
- 昭和 37 年(1962)：平岡食堂(山県郡戸河内)スタンダード・オタフク
- 昭和 38 年(1963)：中所(南区東雲)オールド・オタフク&カープ
- 昭和 38 年(1963)：文ちゃん(横川)オールド・オタフク
- 昭和 38 年(1963)：てっちゃん(三原市)オールド・テング
- 昭和 38 年(1963)：さとう(福山市吉津町)混ぜ焼き・オタフク
- 昭和 39 年(1964)：大野(千田町)スタンダード・オタフク
- 昭和 39 年(1964)：さんが(福山市船町)混ぜ焼き・福王
- 昭和 39 年(1964)：みちぐさ(福山市西町)混ぜ焼き・オタフク
- 昭和 39 年(1964)：徳川(県内 15 店)混ぜ焼き・PB オタフク
- 昭和 39 年(1964)：いなり食堂(尾道市向島)備後スタイル・オタフク&びふとん +α
- 昭和 40 年(1965)：しんや食堂(宇品)スタンダード・オタフク
- 昭和 40 年(1965)：てっちゃん(三原市)オールド・テング
- 昭和 40 年(1965)：KAJIsan(比治山本町)オールド・オタフク
- 昭和 40 年(1965)：かばさわ(東蟹屋町)スタンダード・大福
- 昭和 40 年(1965)：山ちゃん(お好み村)スタンダード・ミツワ
- 昭和 40 年(1965)：おしゃべりクック(三原市)焼そば三原・不明
- 昭和 41 年(1966)：なかね(江田島市)・焼そば呉・三葉矢→センナリ
- 昭和 41 年(1966)：杉岡(三次市)オールド・カープ
- 昭和 41 年(1966)：みや(呉市仁方)オールド・オタフク

【プロフィール】

著者紹介（シャオヘイ）

中学生の頃、食に興味を持ち、料理書を読みながら簡単な料理を作り始める。高校生で「世界の名酒事典」を読み込みすぎて、全て暗記。18 歳から少しずつ食べ歩きを始め、当時は店に行かなければ知ることができない営業時間、定休日などの基礎情報、主力メニューやレビューなどをワープロ専用機に書き留め始める。平成 10 年（1998）、インターネットに出会ってレストランレビューサイト「広島快食案内」を開設（現在は快食.com）。当時は個人運営のウエブサイトがほとんどなく、もちろんブログも食べログもなかった。平成 11 年頃（1999）、電子掲示板「快食情報交換室」を設置し、汁なし担々麺がブレイクするきっかけを作るなど、影響力が拡大。平成 13 年（2001）、全国のフレンチレストランをレビューする「ジバラン（知恵の森文庫）」にジバラン審査団の一人として執筆。平成 15 年（2003）、自身のウエブサイトを書籍化した「広島快食案内（南々社）」を刊行。これまでに「ためしてガッテン」「日経おとなの OFF」「るるぶ」などのメディアに協力したほか、ラジオ出演、雑誌への寄稿多数。長く顔出し NG としていたが、平成 29 年（2017）からテレビ出演も引き受けている。ハンドルネームとして使ったシャオヘイが通り名になり、そのまま定着した。お好み焼に限らず、鮨、フレンチ、蕎麦から、丼、串焼き、ラーメンまで、あらゆる食を愛する。

メールアドレス：xiaohei@kaishoku.com
Twitter アドレス：xiaohei34

～お好み焼ラバーのための新教科書～
熱狂のお好み焼　〈検印廃止〉

2019 年 6 月 10 日　第 1 刷発行

著　者　シャオヘイ
発行者　山近義幸
発行所　株式会社ザメディアジョン
〒733-0011　広島市西区横川町 2-5-15　横川ビルディング
電話　営業部 082-503-5035　編集部 082-503-5051
FAX　082-503-5036
http://www.mediasion.co.jp
印刷所　株式会社シナノパブリッシングプレス

 ISBN978-4-86250-630-6